学校組織の中で
トラが吠える

最強の生き方改革

学芸みらい社

はじめに

本書を手にとっていただき、ありがとうございます。樋口万太郎です。私は教職19年目の小学校の先生をしています。

本書のテーマは「組織」です。みなさんに質問です。

「みなさんは、自分を組織人と思っていますか？」

組織人とは組織のなかで組織のことを思い、働くという人のことです。組織という枠組みの中で苦しんでいる人もいることでしょう。

ぼくはどちらかといえば、組織に抗う反発者のような存在だと自分のことを思っていました。言われたことをやらない、常に反発するというのではなく、

「自分のしたいことをする！」

というような存在です。

仲山信也さんの著書

『「組織のネコ」という働き方』

で分類されている4つの動物で言うと、組織にいながら自由でパフォーマンス性が高い「トラ」タイプでした。妻にも「トラだよね」と指摘されました。(このご著書はとてもおもしろいです。読まれていない方は是非お読みください。)

ぼくは決して、組織の犬ではありません。これまでの上司(管理職)や先輩の先生方、きっとぼくのことを扱いづらかったことでしょう。謝っておきます。「ごめんなさい」。

こんな私ですが、ここ数年で、人にアドバイスをしている中で、

「あれ?自分って、誰よりも組織人だ」

ということに気がついたのです。

誰よりも、上司の話を聞き(言いなりというわけではありません。おかしいことはおかしいと言ったりもします)・組織のことを考え・組織の中でしっかり働いている自分がいたのです。

一方で、「組織人になっていないな〜。」と思うことが増えてきました。組織

人になっていないから、
●自分で自分の首をしめている。
●自分でトラブルの火種をつくっている。
と思うことも増えてきました。

また、「時短」「定時に帰ろう」といった発信が増えてきていることも危惧しています。「時短」「定時に帰ろう」という主張を批判しているわけではありません。もちろん残業推進派でもありません。

むしろ、ぼくは「時短」「定時に帰ろう」推奨派です。そして、教育効果がないものはどんどん削っていきましょうよ‼と言う人です。

コロナ禍中、「定時に帰るために、教材研究をすることをやめました」と言われる人に出会いました。たしかに、教員という仕事は沼にはまるようにすることが次々とあります。これがより子供のためになると思うと、「ここで終わり！」という明確な線引きができないほどすることはあります。

定時に帰ることができず、残業がとても多いことも事実です。休憩時間をとれないということも事実です。でも、定時に帰るために教材研究をやめるということは、本末転倒に思えてならないのです。

樋口万太郎が様々なヒト・モノ・コトに出会ってきたなかで感じたこと、考えたことを綴ったのが本書です。組織内で自分がうまく立ち回るためのハウツーとか理論とかが書かれている本ではありません。しかし、結果として「組織内で自分がうまく立ち回るための心構えやヒントはみつかるはずと信じています。

本書を手にされたあなたに「自分のこれまでの考えと少し見方を変えてほしい」と願って、自分のこれまでのエピソードをベースに私の考えをまとめました。

今一度、「組織」について考えてみませんか――。

樋口万太郎

目次

Ⅲ ルーティンかクオリティか「仕事」を分類せよ

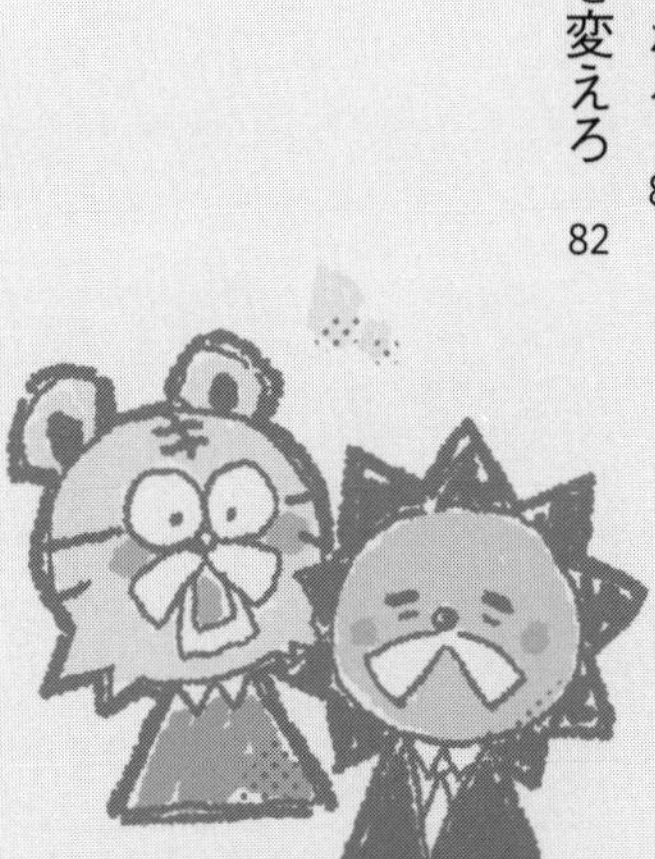

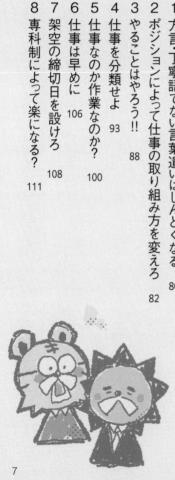

Ⅳ ウソをつく相手にも〝三分の理〟?!

I

先生方が思っている「学校」

——解体キングダム

Ⅰ−1

あなたがそう思うのはムリもない…

組織という意識が低くありませんか

ぼくたちは組織の中で生きています。「まったく白紙の自由な存在」ではありません。組織の中で生き、組織の中で教育活動を行い、組織の中で子供を育てていきます。我々教師は学校という組織の中で生きています。あたり前のことといえばあたり前のことですが、みなさんは組織の中で働いているという意識はありますか。

実はあまりないのではないかと秘《ひそ》かに考えています。

会社のように、部長、課長といったように校長、副校長、教頭、教務主任、主幹教諭、学年主任など様々な役職があります。でも、「組織」という意識が薄いように思います。

なぜそんなことが言えるかっていうと、かつての私がそうだったからです。上下関係を感じることもなく、組織の中の自分の役割を考えることもなく、過ごしてきたからです、勤めていた職場で、管理職よりも管理職以外の人たちが実権を握っているということもありました。これは普通に考えると異常ですよね。当時はこの異常さに気づいていなかった自分がいました。異常さは学級で考えると、とてもわかりやすいです。担任ではなく、子供たちに実権があるということです。そのような学級だと、担任の先生は子供たちの顔色を伺い、物事を進めていくことになります。「子供が嫌だ」と言ったら進めることがで

きないのです。これは健全な関係とは言えないことでしょう。

また多くの先生に、担任として、「自分の学級」があります。学級担任はその組織の中では絶対的トップなはずです。教室内ではトップなのです。

「子供たちと平等な立場でいたい」と主張をされる方もおられますが、それでも教室ではトップなのです。大人と子供、先生と児童・生徒なのです。この関係を崩すことはできません。担任の先生はその教室を、

子供たちを預かっている責任者

なのです。

教室で起こった事の責任は、担任の先生にあるのです。そう考えると、担任の先生になるということは覚悟がいるということです。

平等な立場に見せようと振る舞うことはできるでしょう。

それでも、この関係は崩すことはできないのです。

それでもと反論する人に言いたいのは、

立場ではなく、権利では平等

ということです。ここを勘違いしてはいけないということです。

これらのことは教室内のことではなく、職員室内でもいえることです。管理職と教諭の関係性も、〈管理職の責任のもとに成り立っている組織〉ということになります。

このような関係にあるから、もちろん上からの指示や話は全て従うようにと言っているわけではありません。人との関係はそんな二項対立ですむほど簡単なものではないということです。

そもそも小学校という組織は、一般的な組織と比べると、少し変わっているのかもしれません。

朝に朝礼があったとしても同僚に会えるのは10分くらい。担任の先生方は、そこで、同僚と話をすることはあまりないでしょう。教室には子供が待っているからです。子供たちが下校し、職員室に戻るのを、15時50分としましょう。そこから5時定時までは1時間ちょっとしかありません。

合計すると、1時間20分。勤務時間の7分の1しか同僚と出会わないということになります。

I-2

校長職って全責任を負うの？

学校内の立場を考えてみよう

教員採用試験のようですが、学校の役職について少し確認をしておきましょう。
学校教育法（昭和二十二年法律第二十六号）（抄）を見てみると、

第三十七条 小学校には、校長、教頭、教諭、養護教諭及び事務職員を置かなければならない。

ということが書かれています。私たち小学校という学校組織とは、このような肩書きの教職員がいるということになります。当たり前ですが、担任の先生だけで組織は成り立っていないということです。
ただ、ここ数年は教員不足によって、そういった組織が機能していないということが起こっているのが現状です。しかし教員不足であっても、子供のためにと「なんとかしてしまう」というのが教職員です。なんとかなる、いや「なんとかしてしまっている」状態の

組織は健全なものでは決してありません、
教員不足については、もちろんぼく一人の力だけでは解決できるものではありません。パートタイムをもっと認めるとか、できる限りのことを精一杯するとか、惰性《だせい》で行っている？　様々なことを削減していくとか…（教員を増やして不足を解消するだけでなく、違う方法でも構わないので、不足を解消してもらいたいものです）。

話を戻します。どの役職の人とも平等に接していく必要があります。残念なことに、事務職員や用務員さんに上から目線で接している人に出会うことが少なくありません。

学校の最高責任者は誰でしょうか。そうです。校長です。校長は、学校を管理し運営する立場の人です。

学校によっては、「副校長」が設置されているところもあります。

〈学校における様々な出来事に関する責任は、全て校長にある〉

のです。

冷たい言い方かもしれませんが、事実です。校長先生とはそういう存在なのです。

ぼくは20代の頃、書類に校長印を押してもらうために校長室に行きました。書類をみていただいているとき、次の人が、さらに次の人が校長印を押してもらいにやって来ていました。

そんな様子をみて、

「校長先生、確認していただいて大丈夫でしたら、校長印を貸してください。私のほうで押しておきます」と校長先生に伝えました。

忙しそうになっている校長先生をみて、親切のつもりで言ったのです。

でも、校長先生は、

「樋口くん、それをしてしまうとね。責任放棄になってしまうんだよ。親切のつもりで言ってくれたかもしれないけど、しっかり責任をとるために、自分で判子を押しますね。」

と言われたのです。たかが押印ではなく、責任の印なのです。

学校の組織には、他にも副校長、教諭の中にも、主幹教諭や指導教諭という立場の人もいます。

●副校長：校長を助け、校長から命を受けて校務をつかさどる。（学校教育法第37条第5項等）

●主幹教諭：校長、副校長及び教頭を助け、命を受けて校務の一部を整理し、並びに児童の教育をつかさどる。（学校教育法第37条第9項等）

●指導教諭：児童の教育をつかさどり、並びに教諭その他の職員に対して、教育指導の改善及び充実のために必要な指導及び助言を行う。（学校教育法第37条第10項等）

I−3

ハードル高いから目ざすのだ！▼▼▼

理想のティール組織をつくるためには

組織の話になったとき、「ティール組織」ということを思い浮かべる方もいることでしょう。「ティール組織」とは、上下関係の概念がなく、メンバー一人ひとりがフラットな立場にいる組織のことです。

フレデリック・ラルー氏の著書『Reinventing Organizations』の中で紹介されたのが「ティール組織」です。氏の著書『ティール組織』では、ティール組織になるまでの進化の過程として、

①レッドの組織
②アンバーの組織
③オレンジの組織
④グリーンの組織

⑤ティールの組織の5段階

が挙げられています。

①から⑤にいくにつれて組織が進化していくということです。どういうことかひとつひとつ説明していきます。

①レッド（衝動型）の組織

ひとりの圧倒的な力を持つ者が支配者となり、組織のメンバーを力と精神的な恐怖でまとめていく組織です。

②アンバー（順応型）の組織

階級や制度が徹底的に組み込まれており、組織を構成しているメンバーの上下関係によって秩序が保たれている組織です。

③オレンジの組織

組織のメンバーが才能を活かして活躍をし、成果をあげれば昇進できる組織です。組織の成果をあげるため、効率化が図られ、数値管理が徹底されているのも特徴です。

④グリーンの組織

メンバーがより主体性を持って行動することができる組織です。意思決定のプロセスもボトムアップ式であるのが特徴です。でも、組織内の決定権はマネジメント側です。

⑤ティールの組織

権力を集中させたリーダーは存在せず、現場や場面においてメンバーが必要に応じて意志決定をおこなう組織です。

ティール組織は従来的な組織と比べて、「フラットな組織」といえます。ティール組織には上司や部下と上下関係の概念がなく、それぞれが信頼に基づいて行動し、メンバー同士がフラットな立場にあります。

そのため、ティール組織では、

メンバー一人ひとりが組織の目的を理解している
指示がなくても、目的に向かって自ら考え行動している

ということになります。まさに理想的な組織と思う方も多いのではないでしょうか。その一方で、手が届くにはハードルが高すぎる組織だな、自分たちがそのような組織になるには…と思われた方もいることでしょう。

たしかに、目標の達成や自己実現ができていない人が多いと、組織が成り立ちません。メンバーが何をしているのか管理しづらいため、何かマイナスなことが起こった時に大きな問題になりやすいということになるでしょう。
そのため、

- ●リスク管理が困難になる可能性があるメンバーとコミュニケーションをとること
- ●メンバーに裁量を与えること

●メンバーの管理をある程度行うことができるような仕組みをつくること

などが大事になってきます。

学校組織がティール組織になることは、「あまり私の中でイメージすることができない」というのが私の本音――です。

現場や場面においてメンバーが必要に応じて意志決定をすればよいですが、最終の決定権はやはり管理職だと考えているからです。

教室もそうです。そもそも教室という枠組みがあり、大人が決めたメンバー構成であり…。

では、このティール組織は誰がつくるのでしょうか。誰が用意をしないといけないのでしょうか。

その組織の責任者…と思うかもしれません。もちろんそういう方がある程度の環境をつくったりしていくことは大切なことです。でも、

自分自身がつくっていかないといけないのです。
組織だけに限らず、待っているだけでは何も変わりません。
自分でつくり出していきたいものです。

ぼくが組織のなかでよりよく生きていくために、20代と30代で大きく変わったことの一

つが、

「自分で動き始めた」

「自分で環境をつくる」

という意識を持つようになったということです。

初任校では、時々愚痴を言っていました。その学校の責任にして自分は埒外としていたこともありました。でも、次の学校転勤したときにも、同じ愚痴を言っている自分に気がついたのです。

自分で動き出さないと何も始まりません。ぼくたちも「組織の一員」ということを忘れてはいけません。

さて、あなたは何をしますか。

I-4

勤務校の目ざす学校目標を言えますか

組織をつくり出すのは誰？

改めて書きますが、勘違いをしてはいけないのは、

その組織は自分たちでつくり出すもの

なのです。あなたもその組織の一員なのです。

「こんな組織になってほしいな～」「あの学校の組織のようになりたいな～」と思うだけ、誰かがつくってくれるのを待つだけではいつまでも理想とするような組織をつくり出すことはできないことでしょう。（19、20ページで紹介したティール組織のレッドやアンバーの状態を自ら望んでいることになります。）

子供たちに「指示を待つだけでなく自分たちで考え動こう！」と言ったりしませんか。子供には言うのに大人である自分はしない…。矛盾していませんか。子供たちはこういう矛盾を何となくわかってしまっていますよね？

では、どうやって組織の一員として組織をつくっていくのか。
まずは目標や目的やビジョンを共有することです。

2023年3月にWBCでサムライジャパンは、3大会ぶりに3度目の優勝を果たしました。大谷選手、ダルビッシュ選手を始め、ヌートバー選手、昨年度ホームラン王の村上選手など個性豊かなメンバーが同じビジョンを共有し、闘っていたことを、WBCを見ていた人は感じていたことでしょう。

WBCは栗山英樹監督が率いていたわけですが、このチームのヘッドコーチを勤めていたのが白井一幸さんになります。栗山監督は日本ハムファイターズの監督を長いことされていました。そのときに、二軍監督やヘッドコーチなどを歴任し、従来の選手育成法を一新していった人です（日本ハムでの現役時代もとてもステキな選手でした）。

その白井さんの著書『侍ジャパンヘッドコーチの最強の組織をつくるすごい思考法』では、チームビルディングの柱として、

①全員が目的・目標を自分事として共有すること
②全員が役割と責任を全うすること
③関わりある必要

の3つ挙げられています。
②全員が役割と責任を全うすることについて35ページ、45ページにて書いています。
③関わりある必要については39ページにて書いています。
ここでは、①全員が目的・目標を自分事として共有することについて書いていきます。

白井さんの3つの柱は、個性豊かな集団の話だけではありません。職員室における大人と大人の関係においても、教室という子供と子供、大人と子供においても同様のことが言えるとぼくは考えています。

だって、どの組織も個性豊かではないでしょうか。無個性の組織というのは基本的にはないでしょう。あるとしたら、無個性にしようとする組織かもしれませんが。

みなさんは自分の学校の目ざす子供像や学校教育目標をスラスラ言うことができますか？　これはどの学校でも4月当初に学校長から説明があることですよね。適当に聞いていませんか。新年度の忙しい時期なので内職（違う仕事）をしたりしていませんか。

もしスラスラ言うことができないのであれば、あなた自身が目ざす子供像や学校教育目標を共有しようとしていない証ではないでしょうか。それでは、組織づくりなどできっこありません。

では、研究テーマを言うことができますか。これらは、学校の目ざす子供像や学校教育目標をもとに、目の前の子供たちの実態に応じてつくられていることでしょう。もしスラスラ言うことができないのであれば、（以下同文）。

もしスラスラ言うことができない場合は、すぐに確認をしておきましょう。若い時はな

かなか覚えることができずに手帳の1ページ目に書いたり、職員室のデスクマットの下に学校の目ざす子供像や学校教育目標などを書いた付箋を挟んだりしていたこともあります。

目標や目的やビジョンを共有していれば、それらを達成するための方法は、個々で違っていてよい

と考えています。我々先生も同じ人間はいないと言えます。それぞれの得意なこと・苦手なこと、好きなこと・嫌いなことがあります。個性がそれぞれあります。

だからこそ

個々の人が持っている違う方法に対して議論をしていかないといけません。

賛同されることもあれば、助言されることもあれば、否定されることもあるかもしれません。否定されるときには、自分にはみえていなかったことがみえるかもしれません。否定され、改善されその方法がよりよくなるかもしれません。

こういった議論が成立するのも、目標や目的やビジョンを共有することができていることが前提です。できていなければ、「なんだよ。否定ばかりしやがって!」とマイナスな気持ちになってしまうことでしょう。

認めたくはありませんが、教師の世界は経験がモノをいう世界です。資格を多く持って

いようが、それを上手に機能させるのは経験ではないのかと考えます。危険なのは、

自分の経験に頼りきること
自分の経験が全てだと思うこと

です。

原点に立ち戻るべきなのは目標や目的やビジョンです。あなたのこれまでの経験ではありません。

I－5

絶対うまくいく！　そんなはずなどないのだ！

私たちの職業はそれほど単純で簡単なものではない

よく、SNS内で「絶対うまくいく○○選！」というものをみかけますが、正直胡散臭く感じてしまいます。そして、正直怪しいなと思ってしまいます。

もちろん、そういった○○選で紹介されていることは、基本的にはうまくいくことなのでしょう。でも、いつでも、誰にでも効果的かどうかは未知数です。

誤解してほしくないのは、否定しているというわけではありません。そういったことによって救われたこともあるということも事実だからです。

しかし、その紹介されている先生だからうまくいったということもあることでしょう。また、そんな数個ではなくもっとうまくいくこともあります。１００個ある内の数個にしかすぎないのかもしれません。また、時と場面によって、昨日はうまくいったことも今日はうまくいかなくなったということもあることでしょう。

といったように、「絶対うまくいく○○選！」ということを過度に信頼しすぎないようにしてほしいと願っています。あくまで、自分の選択肢の一つぐらいにするという思いでいて欲しいと思っているのです。

そして、本当にうまくいく方法があるのであれば、日本全国の教室で行われているはずです。

私たちの職業はそれほど単純で簡単なものではないからです。なぜなら、私たちの職業は

「人と人との関係」の間にあるもの

だからです。

我々の職業は、大人と大人の関係ではなく、子供と大人の関係、子供と子供の関係といった多様な関係が存在するからです。

人と人の間にいるからこそ話ができ、盛り上がり、笑いあい、一緒に活動ができ、楽しさを共有することができ、相談ができ、といったことが出来ます。

私たちはそういった関係の様子をみたり、当事者として接していったりすることで、自分自身の気持ちが温かくなるのではないでしょうか。

その一方で、人と人の間にいるからこそ自分の思いが伝わらず、相手のことが理解できず、悩んだり、悲しんだり、ときには攻撃をしてしまうことがあります。

自分と全く同じ人間がいれば、そんな思いをすることはないことでしょう。でも、自分と同じ人間なんかはいません。

私たちはそういった関係の様子をみたり、当事者として接していったりすることで、自分自身の気持ちがしんどくなってしまうことがあります。

もしかしたら、子供のことで自分の気持ちがしんどくなってしまうことは納得ができるかもしれません。しかし、同僚との関係、保護者との関係といった大人との人間関係でしんどくなってしまうのは納得できない、と思ってしまうことも多いことでしょう。

保護者からの理不尽なクレーム、度を越した要求などは管理職含め対応をしていく必要があります。しかし、特に

●こちらの指導に落ち度がありお叱りの電話があったとき
●何度も何度も連絡をしてくるとき
●わからないことがあると沢山の質問をしてくるとき

など、保護者からの連絡があったとき、保護者を「モンスターペアレンツ」よばわりしている同僚に、残念ながら出会ったこともあります。このようなケースは多分「自分は完璧な存在」だと勘違いしているのではないでしょうか。

そういった考えを持っていると、態度や行動や言葉に出てしまうことでしょう。

それでは、人と人との関係がうまくいかないことは明白です。

教育実習では、保護者との関係は基本的にはありません。1年目の方はこの関係に驚き、悩むと言う方も多いことでしょう。決して、保護者は敵ではありません。

保護者は子供の成長を促す味方

なのです。このことを忘れてはいけません。同じ方向を向いて成長を促していくことができるように、個人面談や学年懇談会に臨んでいくことも必要です。

人と人との関係の中で起きたマイナスな気持ちを減らしていく、なくしていくためには、どうしたらいいでしょうか。

それは、

人と人の関係のなかで解決していく

しかありません。

減らしていくための一つの方法は、人と人の間で他者について理解したり、受け入れたり、考えたり、自分の思いを伝えたりといったことが大切になってきます。

そして、もう一つの方法はマイナスな影響を与える人から離れる、一定の距離を保つということも一つの方法です。人と人の関係を薄くするという感じです。

パワハラやセクハラなどハラスメントは人と人の関係が崩れています。そういったハラスメントがひどいときには、ハラスメント委員や管理職に連絡しましょう。その関係から自分は離れ、違う人に間に入ってもらうようにしましょう。

連絡することに勇気が必要だとは思います。ただ、そこに遠慮はいりません。

ハラスメントまでいかなくても、自分の心が離れることで、人と人の関係のマサツは生まれません。

困っているときは、同僚だけでなく管理職に相談をするということも大切です。

I–6

「問題」はひとりで解決できないと心得る

組織が機能していると

組織が機能していると、例えばトラブルに対しても組織立って対応することができます。基本的には自分の学級で起こったトラブルは自分で解決することが大前提です。でも、トラブルのレベルによっては担任を超えてしまうこともあります。そのトラブルが自分だけの力では解決できそうにないときは、

●まずは学年主任
●それでもだめなら管理職

といったように対応することができるステップがあります。決壊しないための防波堤があるということです。このように計画的に、戦略的に、組織的に取り組んでいくことができます。

なんでもかんでも困ったらすぐに学年主任、管理職ということは違います。そういう人

は嫌われます。もっと嫌われるのは、学年主任や管理職など他者にまかせておいて、自分は退勤するということです。もちろん、場合によってはそういうときもあるかもしれませんが、いつもでは嫌われます。

時々、どんなトラブルにも解決しようとすぐに管理職が出てくることがありますが、それはマイナスです。管理職はすぐに解決してやろうという優しい思いがあるのかもしれませんが、ありがた迷惑です。担任を通さずに保護者と連絡をとったり、トラブルを解決したりするともう、最悪な気分になります。

●自分は頼りにされていないのではないか
●なんでもかんでも出てくる

というマイナスな気持ちしかわきません。

部会などで考えたことを、職員会議で提案をすると、否定され、自分のしたいように話をもっていかれるということを私自身経験したことがあります。否定される分はある意味納得できます。自分に足りないところや間違っているところがあることを直されるのですから。

でも、自分のしたいように話をもっていかれると、

●それなら、自分で考え、提案してよ！
●任せてもらえていないんだ
●任せてもらえていないということは信頼されていないんだろうな

と思うこともあります。そして、そのようなことを全体で行っていくと、いつの間にか組織の中でしらけたムードが漂い始めます。

こういったことは学級でも同じことですよね。子供たちががんばって調べたことに対して、否定したり、先生の方でまとめたりすると子供たちもしらけ、「どうせなんか言ったとしても先生に否定されるかな。それなら言わない方がいい」と思い、意見を言わなくなっていくことでしょう。

しらけたムードが漂い始めると起こるのは、職員室から人が減っていくことです。これはぼくの中で物差しになっています。

20代のときに、「思いっきり、やりなさい。責任は私が持つから」と校長先生に言われたことがあります。とても心強い言葉で、

「この人の顔に泥を塗るようなことをしてはいけない」

とそのときに真剣に思うようになりました。

そんなぼくも現在は学年主任になることが多くあります。

そんなときに、「最後の責任はぼくがとる」ということを宣言しています。言わなくても任せるときには任せ、責任は自分が取るというような思いが自分にはあります。

I—7

思っていることが言えない学校って▼▼▼

組織を機能させるために

管理職が言う「チーム学校」という言葉が、ぼくはそんなに好きではありません。

それなら、「みんなで取り組もう」という方がしっくりきますし、そんな簡単にチームになれるかよ！という捻くれた思いがあります。

さて、みなさんは職場の飲み会は好きですか。

ぼくは職場の飲み会が大好きな人です。

この原稿を書いている前日は久しぶりの職場の飲み会で2次会のカラオケ屋に行き、終電で帰っていました。

実は1、2年目の頃は職場の飲み会がそんなに好きではありませんでした。そして、附属池田時代の1年目は飲み会が嫌いでした（でも飲み会は必ず参加していました）。

何を話していいのかよくわからなかったり、

先輩と話をすることに緊張をしたり、ときには説教されたりすることなどが苦手でした。SNSを見てみると、お酒が苦手だからとか先輩の武勇伝を聞くことが苦手だからといった理由で、飲み会が苦手と思われている人も一定数いることがわかりました。

苦手な理由は理解できます。ただ、飲み会でなくても、

●お互いのことをより知る場
●いつもとはちょっと違うコミュニケーションする場

が必要だと考えています。

子育て、介護など様々な理由で飲み会に参加できない人もいます。だからこそ、だから、どんな形でも良いので、もっとお互いのことを知っていくという機会を勤務時間内に設けるということが理想ではないかと考えることがあります。お互いのことを知ることで、お互いの情報を集めることで、お互いの印象が変わることがあることでしょう。つまり、

子供理解ならぬ教職員理解

ができることでしょう。

お互いにたくさんのことを知っているから、組織が機能し、「チーム学校」になっていくのではないでしょうか。

ただ勘違いをしてはいけないことがあります。

チーム学校には「みんな一枚岩」という意味が込められています。

この一枚岩には、みんなの考えが一緒という意味も込められていることでしょう。

でも、みんなの考えが一緒でいいのでしょうか。

一枚岩と考えるあまり、自分の考えを言えなくなってしまってていいのでしょうか。

そうなってしまっては本末転倒です。

みなさんは心理的安全性という言葉を知っているでしょうか。この心理的安全性とは、

組織の中で自分の考えや気持ちを誰に対しても安心して発言できる状態

のことを示しています。

つまり、言いたいことがあるのに言えないという状況、人と異なる考えを持っていてはダメという状況では、決して心理的安全性のある組織にはなっていないということです。

言いたいことは言って良いのです。違う考えをもっても良いのです。

ただ、安心して発言できる状態をつくるためにはどうしたらよいのでしょうか。自分が言いたいことを言い、しかもやりたいことだけをする！　ということでは世間は通用しません。

Ⅱ

組織人の眼で職員室をアップデート

Ⅱ－1

スミマセン、今大丈夫でしょうか ▼▼▼

もっと管理職を頼ろう

まず伝えたいことは、

管理職は敵ではありません。

あなたの味方です。


自分のやりたいことを反対される、厳しいことを言われるからと敵対心をいだいていませんか。20代のぼくはそうでした。特に、教頭先生と折り合いがつかないということが多々ありました。今となっては、自分の視野の狭さで起こっていたことだと思っています。

ただ、14～17ページに書いているように責任者であるため、私たちに厳しいことを言うときもあるかもしれません。責任者であるがゆえに仕方のないこともあります。

何か困ったことがあれば、遠慮することなく管理職に相談し、

自分の判断が適切だったのかどうかを確認する

必要があります。そういったときには、

「すみません。先生、今大丈夫でしょうか」

と必ず言うようにしています。

管理職は管理職で仕事があります。決して、暇な人ではありません。思い返してくださ

い。ぼくたちより夜遅くまで働いたり、休日に出勤されたりしている方が多くいるのではないでしょうか。

管理職だから仕方がない…

そんなことを思っているのであれば改めましょう。そんな気持ちで!!ということは、心の底では、管理職を敵だ?と思っているのかもしれません。私は管理職には感謝しかありません。どうか体を壊さないで!と思う日々です。

若いときにはトラブル対応の仕方がわからず、管理職には話す内容を検討してもらったりしたこともあります。

「報告・連絡・相談」という言葉を聞いたことがあるでしょうか。

「報告・連絡・相談」いわゆるホウレンソウができることはお互いの信頼関係を築く、というように考えています。

報告される中身は基本的にマイナスなことが多いことでしょう。

でも、「報告・連絡・相談」した側は、

- 一緒に考えてもらうことができる
- 一緒に何かフォローをしてもらえる

●一緒に責任をとってもらえる

ということになります。

「報告・連絡・相談」された側は、

一緒に考えることができる

一緒にフォローをすることができる

一緒に責任をとることができる

といったようなことになります。

まずは「報告・連絡・相談」を学年主任にし、「報告・連絡・相談」された学年主任は管理職に「報告・連絡・相談」をするといった流れになるでしょう。学年主任も「報告・連絡・相談」のどれをするのかを選択・決断する必要があります。

悩み事を抱え込みすぎると、やはりメンタルがやられてしまいます。トラブルの中には自分一人では解決できないこともあります。

だからこそ、「報告・連絡・相談」を行い、共に考えていくことが大切です。「報告・連絡・相談」をされた学年主任や管理職であれば、大きなことになる前にくいとめることができるかもしれません。

以前、勤めている学校で、前年度に卒業した子たちに関するミスがあり、そのミスをどうするのかという話し合いが職員会議で持たれました（ミスの詳細はふせておきます）。

このときの私の立場は、２校で４人の初任者を指導する拠点校指導員という立場でした。１週間で２校にいくため、基本的には校務分掌も持っていませんでした。

その日は、勤務上の関係で職員会議に出席することになりました。その職員会議で、ミスの対応に関する管理職vs先生方みたいな議論が行われていました。その様子をみていて、

「建設的な話し合いをしましょうよ」

と思わず言ってしまいました。

いい格好をしてやろうとかの気持ちは全くなく、本当に管理職が可哀想に思ってしまったのです。ぼくからしたら、多くの先生で「管理職を責めていた」ように見えました。

ぼくにはわからない背景があるのでしょう。それまでの元6年生の先生方とのやりとりも様々なことがあったことでしょう。それがわからないのに、発言してしまうのはどうなんだと思ってはいましたが、

「それ以上にこの状態では何も解決しない」

ように思えてならなかったのです。

管理職も人間です。困ったときにだけ助けを求めにいっても、管理職は決して良い思いはしないことでしょう。不公平な扱いはしないことでしょう。でも、なんだかな〜と思うのではないでしょうか。だからって普段、敵対心を剥き出しの人には、優しくしてくれないかもしれません。

お互いに気持ちよく働きたいものです。自分だけが気持ちよく働いていても意味がありません。

Ⅱ−2

周りへの不満を投稿すれば……▼▼▼

反対される理由は？

SNSで、「自分がしたいことがあるのに周りに反対される」

「使いたいアプリがあるのに許可が下りない」

「揃えることばかり言われる」

と言った上司や周りの人に対する不満の投稿を見ることがあります。気持ちはよくわかります。ぼくもそのようなことを経験した20代でした。よくそれを無視して、取り組んだこともあります。

●なぜ自分がしたいことを反対されるのでしょうか
●なぜ許可が下りないのでしょうか
●なぜ揃えることばかり言われるのでしょうか

といった理由をみなさんは考えたことがあるでしょうか。理由を考えることなく、「なんだよ、あいつ」と愚痴をこぼしていませんか。

「あいつのこと嫌いだから…」という理由はほぼ考えにくいことです。ではなにかあるのでしょうか。

大きく二つあるのではないかと考えています。

一つは実力不足です。校務分掌の仕事、学級のこと、授業のことが全然できていなければ、認められてないのは明らかです。あたりまえですが、

●校務分掌の仕事
●学級のこと
●授業のことをキチンとやる

ということが大切です。学級がうまくいっていないのに、○○を導入すると学級が劇的

に変わりますと言っても、説得力は何もありません。

本を出版したり、学習会を開催したり、多くの研究会に参加したりする人がすべて学校で信頼されるわけではありません。

校務分掌の仕事、学級のこと、授業のことをキチンとやる人が信頼されます。

附属小学校に着任したときに、次のようなことを管理職から、

「学級経営ができているのは大前提。そのうえで、自分のしたい研究をしなさい」

と言われました。これは、裏をかえせば、
学級経営がうまくいっていないのであれば、研究をせずに学級経営に集中して取り組みなさい
ということになります。

もう一つはリスクマネージメントという理由が考えられます。そもそも、なんでもかんでも採用されるということも変な話です。提案していることが採用されたとき、メリットもあればデメリットも必ずあります。

メリットばかりの説明では提案が通らないことは明らかです。

またデメリットを気にしすぎて、石橋を叩きまくって渡る状態になってしまい、反対さ

れることもあることでしょう。そういったときは

●デメリットを上回るメリットを提案する
●説得させることができるだけの材料をそろえる

ということをする必要があります。

リスクマネージメントについて、教職員はもっと意識しておいた方がよいかも知れません。自らトラブルの火種をつくっているということもよく見受けられます。

学級がうまくいっていないにも関わらず、他人の学級にアドバイスをしたり、「これでうまくいく学級経営」みたいな本を出したり、SNSで頻繁に投稿したりするということは避けた方が良いかと思います。

だから、ぼくは、4月5月に学習会や研究会に参加したり、登壇したりする回数を減らしています。また、この4・5月に出版されることがあまりないように調整をしたり、SNSの投稿を意図的に減らしたりと、個人的にリスクマネージメントをするようにしています。

これらは保護者がそれらをみている可能性があるのです。学級がうまくいっていないのに、本を出版したり、学習会や研究会に参加したりすることを保護者が知ったとき、

「そんなことをするのなら、学級をどうにかしてよ」

「学校外ばかりに力を入れているから、学級がこんなことになるんじゃないの」

と炎上してしまう可能性があるからです。

自分で火種をつくることはないのです。学校外の学習会や研究会に参加したりすることで、ストレス解消になることもあるのはわかっています。私もそうでした。だから、参加をするなということではありません。

参加していることをわざわざSNSでアップする必要がないのです。

「え！？あの先生、学級うまくいっていないと聞くのに、投稿内容と全然違う…」という話を実際にも聞いたことがあります。そういう方は自分では気づかないかもしれませんが、周りの先生は様々な思いをしているものです。

話を戻します。一度提案が通らなかったからといってあきらめることなく、何度でも言い続けること、提案し続けることが大切なのかもしれません。たとえ提案し続けて、周りからマイナスにみられたとしてもです。

「ダメだ」と言われても、やるという意気込みはないのでしょうか。私はそういうことを20代のころをしてしまっていました。後からわかり、叱られたこともあります。「何かあったらどう責任をとるんだ」と言われたことがあります。そんなときは、「責任をとって辞めます」と言ったこともあります。若気の至りです。でも、本当に口だけではなく、そのようにしようと考えていました。

もし、これらの覚悟がないような提案はそれまでの事、というような提案なのかもしれません。だからといって、無視して取り組めという話ではありませんよ。

Ⅱ－3

誰が言うかで決まる世界に住むヌシ ▼▼▼

認めたくないが…

認めたくありませんが、その学校には

学校の主

がいます。その学校の主はだいたいその学校で何年も勤めている人のことが多いです。

悔しい話ですが、

「誰」が何を言うのかによって、決まる

ということが存在します。管理職ではなく、一般の教諭の中にこういう人が存在します。

本当は、「誰」がということではなく、内容によって見当をしていきたいものですが、

そうでないこともありえます。

そういった人に対して、マイナスな感情を抱くかもしれません。

わざわざ対立してはプラスにはなりません。

だからといって、そういった人にヘコヘコする必要もありません。

そういった人の周りには、取り巻きのような人もいるかもしれません。

そういった取り巻きをすぐつくるような人は、自信のない人なのかもしれません。取り巻きをつくることにより、辛辣な言葉になりますが、自分たちができていないことの傷の舐め合いをしているだけかもしれません。

本当に仕事ができる人は取り巻きなどつくっていません。

なんだかこのように書いていると、その人に対する見方が変わってきませんか。なんだか可哀想にみえてきませんか。

うまくそういった人を利用?すれば良いのです。

Ⅱ−4

学級がうまくいってない人の共通点▼▼▼

こんな人は可哀想な人

前ページにて、可哀想な人ということを書きましたが、みなさんの学校には、このような人もいませんか。

「先生の学級、もう少しこうした方がいいですよ」

「わかりました。でもね、今あの子は～」

といったように管理職や同僚に何かを言われたときに、すぐに反論をする方がいます。

こういう人が私は苦手です。「なんなん、あの人」とイライラしたこともありました。

右の会話で「わかりました」といったんは言われたことを承認しているものの、すぐに反論をしていることになります。この場合は実は「わかりました」と承認していないのです。

子供の中にも、トラブルについて話をしているとき、「あの子も同じことをしていたのに」と反論をする子がいます。そういう子がいたときに、「人のことはいい、あなたのことを言っている」と自分のことを考えてほしいと指導をします。その子に似ているとも言えます。

素直に聞くことができないというか、そういう心理状態になることが苦手なのです。この人はきっと前述通りに「一人で学級をみる」という美徳に縛り付けられているのだと思います。

もしかしたら、このような人は、

- プライドがとても高い
- 自分の視野がせまい
- 自分ではうまくいっていると本当に思っている
- そのように反論することで自分を守っている

のかもしれません。

このように書くと、やはり、可哀想に思えてきませんか。上から目線の可哀想ではなく、自分に自信がない人という点で…。

こういう人も周りにいませんか。

転勤してすぐに自分の考えを言う人です。前の学校のことを言う人は、みなさんの学校にいませんか。学校にはそれぞれの文化があります。私は基本的には言わないようにしています。「前の学校でどうでしたか」と聞かれることもありますが、返答が苦手です。

このような人は、

●それぞれの文化があるということをそもそも知らないのかもしれません
●自分に大きな自信があるのかもしれません
●自分のみている視野がとてもせまいものなのかもしれません

前年度の、行事に対する反省、校務分掌における反省を行なってきています。そこで、改善などとしてあげられていることはどんどん意見を言っても良いでしょう。しかし、継続して取り組むようなことに対して、いきなり自分の意見を言う人を周りはどう思うでしょうか。

自分が言った意見によって様々なことがうまくいったとしても、そこに残るのはマイナスな感情だけです。そう思うと、このような人たちは不器用な人なのかもしれません。

これまでに、ぼく自身もこのような先生に多く出会ってきました。ぼくの感覚ですが、このような先生たちには、

学級がうまくいっていない

という共通点があるように思います。

だから、自分という存在をアピールしたいというようになるのかもしれませんが、逆効果です。

実はこういったような見方を変えるということは、70ページで書いている相手軸ではなく自分軸に変えるということになります。

ただ優しくしていこうと書きましたが、

●端末の使い方がわからない↓だから、得意な人もしくは若手に聞く
↓得意な人もしくは若手が教える
●こういうコンテンツを作りたい↓自分では作れない↓得意な人にお願いをする

という負のスパイラルを多く聞くことがあります。

「私はデジタルが苦手だから…」ということを言われる方がいます。

確かに人には得意なこと・苦手なことがあります。ぼくも苦手なことはたくさんあります。それでも、

助けてもらうことに慣れてしまってはいけない

ということを考えないといけません。おそらく、こういう人はこれまでにもこのようにして頼ってきた人です。まさに、自分軸でしか生きていない人です。これは、タブレット端末に関わることですが、ぼくからしたらそのような段階はもう終了したのです。タブレット端末がやってきて、数年が経ちます。その間に何をしていたんだよと思ってしまいます。

すぐに質問をする人にも出会うことがあります。どんどん質問してくれた方が良いと思う一方で、

「過去の提案文書や資料にしっかり目を通す」「職員会議で提案された文書を読み込む」といった方略を知らない人なんだろうな…と思うことがあります。

きっとそうやって生きてきたのかもしれません。それでうまくいってきたのかもしれませんが、いつまでもそれではいけません。

どんどん後輩が入ってきます。先輩として、質問をするだけでなく、質問に答えていく存在になっていかないといけません。

Ⅱ−5

見えている世界が違っているからかも▼▼▼

この人「なんで気づかない？」という人はいませんか。

自分の学級がうまくいっていないのに。

仕事がなかなか終わっていないのに。

でも平気な人に出会うことがありませんか。そして、そんな人をみて、

「もうちょっとちゃんとやってよ」

「なんであの人、気づかないの？」

「できていないのに、わかっていないのに気づいていないの？」

「何を言っても響かないな…」

と不思議に思ったことはありませんか。

意図的に、つらくて・しんどくて、そういうことを見ないようにしている人もいることでしょう。

しかし、そういう人は本当に気づいていない可能性があります。

のかも…です。

見ている範囲が違う

シマウマやライオンの視野は300度と言われています。人間は90〜100度と言われています。これだけでも、200度近い差があります。だから、この200度の中で起こっているコトには基本的には気がつかないということになります。

だから、前述のようなことが起こってしまうのです。

ある意味、視野がせまいほうが幸せなのかもしれません。見えている範囲だけで、幸せに思うからです。皮肉を言いました（笑）。

でも、それではいけません。とはいっても、360度、誰もが見えているわけではありません。だから、132〜139ページに書いているように、みんなで360度をカバーしていく必要があるということです。

本書を書こうと企画しているとき、組織や先生との付き合い方にストレスを感じていました。毎週行っているオンラインサロンのミーティングやメッセージのやりとりで愚痴をこぼしていたのでしょう。そのオンラインサロンのスタッフの人から

「まんたろうさんが人に期待していることが珍しいですよね。」

と言われたのです。

「人に期待していることが珍しい」と書くと、なんだかぼくが人に全く期待していない、冷たい人間のように思いますが、決してそうではありません。

他人に対して、「こんなことをしてほしい」「こんなことができるようになってほしい」

と願いはあります。でも、過度には願わないようにしています。なぜなら、

「してくれなかった」「できるようにならなかった」ときに、相手にマイナスな感情を抱いてしまう

からです。

前述に書いた「見えている範囲が違うこと」を嘆いていても何も解決しません。他人の見えている範囲を拡げることはなかなか難しいことです。

こういったときは、

ひき算思考

になってしまっています。

例えば、理想としている力を80としましょう。

でも、60しかできなかったとします。

すると、普段の力よりも20少なくなり、「あぁ…達成できなかった」となるのです。

では、理想とする普段の力を20とします。

60できたとします。

普段の力よりも40多くなります。

すると、「普段よりもがんばれた！」とプラスな気持ちになるのです。

このように相手に求める基準を下げるのです。そうすることで、

こんなことができないからこんなことができた
いつもよりこれだけしてくれた

といったようにプラスの気持ちで接することができるようになります。

何か嫌味のように捉えられたかもしれませんが、お互いプラスな気持ちになるのであれば、良いのではないでしょうか。

70ページで相手軸という話を書いてきましたが、

人を変えることは難しい
相手を変えることは難しい

ということです。これまで、人を変えようとしたことがあると思います。でも、変わったことはあるでしょうか。ほとんどないことでしょう。特に大人になればです。でも、自分を変えることはそれほど難しいことではありません。

相手軸ではなく自分軸にするということです。

では、何を変えたら良いのかといえば、

他者の見方、
他者への接し方。
そして、前のページのように、
他者の基準
を変えたら良いのです。

Ⅱ―6

先生っていう人種、相手軸で考える人▼▼▼

基本的にみんな優しい

基本的に、「先生たちは誰に対しても優しいな」と思っています。「どういうこと?」「そんなことないよ」と思われたかもしれませんが、そんなことはありません。次のようなことを言ったり、思ったりしたことはありませんか。

「○○先生、もっとこうしてくれたらいいのに」
「○○先生、わかってくれない」
一見愚痴のようにみえますが、ぼくからしたら相手のことを期待したり、心配したり、怒ったりと

相手軸で物事を考えている
相手にどうにかなってほしいと願っている

という思いが実は込められています。自分軸とは自分のことを考えるということです。自分軸ばかりでは、自己中心的な考えの持ち主とみられてしまいます。

自分軸ではなく相手軸で考えているから、優しいと思ってしまうのです。相手のことを考えるということは、それだけ自分の時間を費やすということになります。

前述の言葉を変換するとより相手軸ということがわかります。

「〇〇先生、もっとこうしてくれたらいいのに」
↓こうしたらもっと良くなるのに
「〇〇先生、わかってくれない」
↓わかってくれたら、もっと良くなるのに

どれも自分軸ではなく相手軸なのです。相手のことを思い、怒り、悲しんでいるのです。

Ⅱ－7

チクるとはジュン別せよ ▼▼▼

自分の身は自分で守れ！

職員室の組織も人と人の関係です。

ときにはうまくいかないこともあるでしょう。

自分が辛くなってしまうこともあるでしょう。

辛くなるなかで、ハラスメントの場合も0ではありません。

相手はハラスメントのつもりがなくても、自分自身がハラスメントと思ったときはハラスメントなのです。相手がどのように思っていても関係ありません。

自分がしんどくなるまえに、

信頼できる先生に相談したり、
同僚や知人に相談したり、
校内にいるハラスメント委員に相談したり、

管理職に相談したり、

しましょう。そこに遠慮は必要ありません。

記録をとっておくことも必要です。

管理職に相談するときは、よっぽどのときでしょう。

自分がしんどくなる前に・・・
信頼できる先生に相談したり
管理職に相談したり
記録をとったり
自分の身は自分で守れ！

ことの経緯を説明し、この後の話をお願いするのです。

こういったことは、上司に「チクる」という行為にはなりません。

「チクる」というような形になるのではないかと心配をするかもしれませんが、心配ご無用です。

叱ってほしい、困ってほしいと思っていることが動機のときは、相手を傷つけることになります。そのような状態ではないことでしょう。

自分のメンタルを大切にしてください。

Ⅱ—8

苦手な人・嫌いな人はいる

どんな付き合い方ならベター?なのか ▼▼▼

はっきりいえばぼくにも苦手な人、嫌いな人はいます。

子供たちに、「先生は嫌いな人いないの?」と聞かれても「いるよ!」と言い、子供が驚いたこともあります。子供も大人も関係ありません。

でも、それはお互い様。きっとぼくのことを苦手としている人が必ずいます。

人類みな仲良しであればいいのですが、そうではない現実があります。

あたりまえの話ですが、苦手な人がいるからと言って、その人にとってマイナスなことをしたりはしません。そんなことをしてしまうと、

「自分にとっても子供にとってもマイナスになる」

可能性が高いからです。

書籍で「バカとはつきあうな」というようなタイトルの本もありますが、現実は付き合いをゼロにすることは難しいことでしょう。

どれだけ嫌いな人であっても、嫌いな人と付き合わなくていいのかといえばそうではありません。前述通り、これはビジネスなのです。そして、人と人との関係を0にすることは難しいことです(ハラスメントをしてくる人は別です)。

必要最低限のコミュニケーション
感謝の思い

は少しは持ちたいものです。

もしかしたら、自分が苦手だなと思っている人は、「自分のことを苦手と思っているのではないか」と思っていることがあるでしょう。また、そういった人をみて、「自分はこんな人にはならないようにしよう」と参考にしてもいいかと思います。

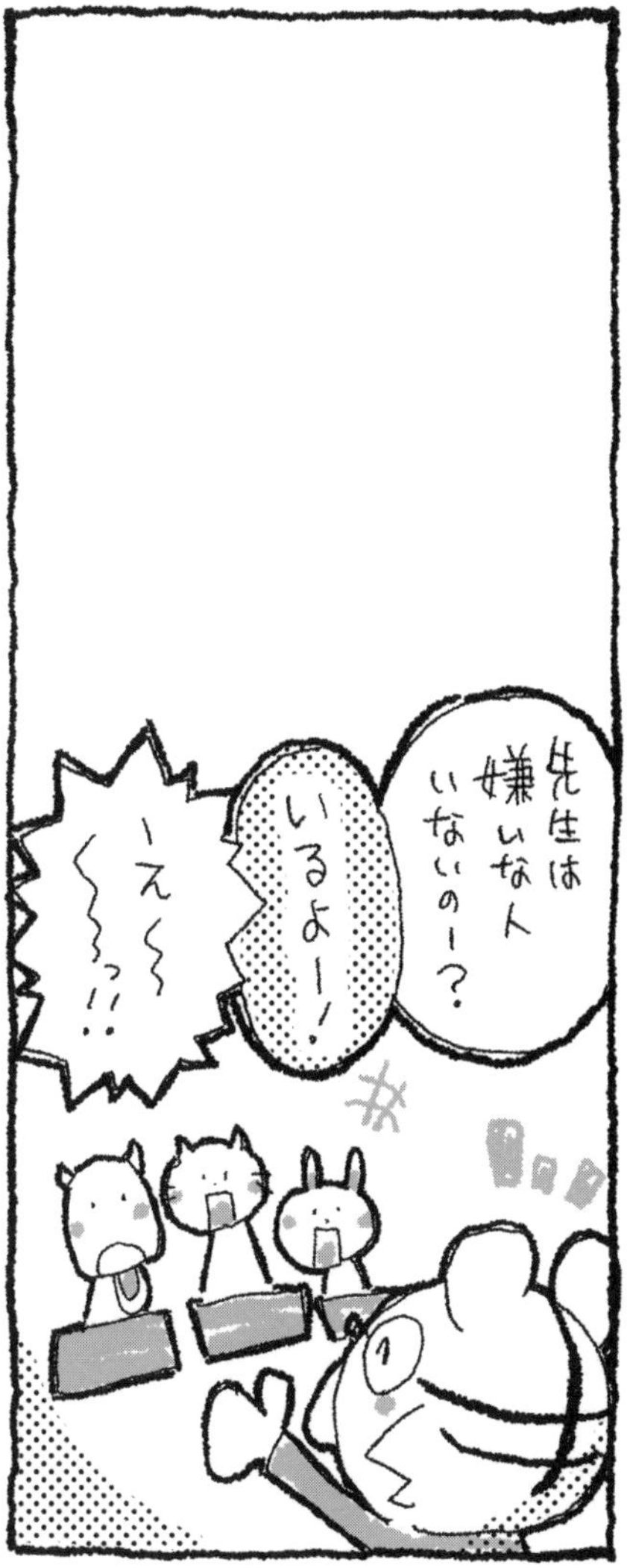

Ⅱ－9

自分の弱点をさらけ出せる人を目ざそう？

もっと戦略家になれば良い

中村健一先生が「策略ブラックシリーズ」という本を書かれていますが、ぼくもブラックのような戦略を持っています。

例えば、異動をしたら、養護教諭の方と仲良くなります。これまで出会ってきた養護教諭のみなさんは、学校で一番子供たちのことを知っているからです。

例えば、同僚から同じ話を2回聞かされたとしても、あたかも知らないフリをして聞くということがあります。もちろん場合によってですが、「先生、同じ話をしていますよ～」という冗談のようなツッコミを入れますが、時と場合によります。

「先生、同じ話をしていますよ」と厳しく言うと、相手に恥をかかせるだけです。単に、話をしたことを忘れているのです。指摘することは正論と言えることでしょう。でも、

正論は時と場合によっては、相手を傷つけてしまう

のです。

後輩たちは、先輩が帰らないと帰りづらいと言われる方がいます。だから、することが終わっていれば、率先して帰っていくようにしています。

その人がいないところでその人のコソコソ話をしないといったことも戦略といえます。

これらは、戦略であり、ぼくが円滑に組織のなかで生き抜いていく術です。そういった術により、

- 自分の学級がうまくいく
- 自分の学級のことをさらけ出せる人

という周りの先生から信頼されることにつながるのではないでしょうか。

Ⅲ ルーティンかクオリティか「仕事」を分類せよ

Ⅲ―1

誰に対しても丁寧な言い方がベスト

方言・丁寧語でない言葉遣いはしんどくなる

ぼくは基本的に丁寧な言葉遣いで話をするように意識しています。先輩でも後輩でも基本的には丁寧語です（先輩にはあたり前の話ですが…）。

授業中も基本的には丁寧な言葉遣いで話をするようにしています。冗談を言ったり、ツッコミを入れたりするときなどは、関西弁が出たり、丁寧語が崩れたりすることもありますが、基本的には丁寧語です。

自分よりも年下の先生が、年上の先生に丁寧語ではない言葉遣い全開で話をしていたりすると、不快な気持ちになり、ぼくの場合は心がしんどくなってしまいます。

保護者に電話をしている先生が、「友達や親しい人に電話をしているの!?」と思うような言葉遣いの人に出会うことがあります。とりあえず、保護者が自分より年上の場合、「うん、うん」という相槌は避けた方が無難です。「うん、うん」ということで、親近感を沸かせ、より保護者と話を親密にしていくというねらいがあるのかもしれませんが、避けたほうが無難です。「あの言葉遣いなんなの!?」と保護者に思わせてしまっては不信感の第一歩となってしまいます。

ぼくたちは地元の仲の良い友達ではありません。先生と先生、先生と子供、子供と子供

という関係があるからです。そして、我々の仕事も**給料というお金をもらっているビジネス・お仕事**なのです。ボランティアや近所の子供たちを教えているような立場ではないのです。ビジネスシーンで、関西弁やタメ口の人に出会うことはそうはありません。もし我々が出会ったとき、「うん!?」と思ってしまうことでしょう。しっかり、ビジネス・お仕事をしていきませんか。

Ⅲ-2

前準備が決め手になる▼▼▼

ポジションによって仕事の取り組み方を変えろ

本書執筆段階のぼくのポジションは、まずは「5年生担任」です。さらに、

●学年主任

●研究部
●ＩＣＴ推進委員
●入試の問題作成のまとめ役
●算数検定などのとりまとめ

などです。もっと役割はあるかもしれませんが、思いついたのはこれだけです。

大事なことは、

ポジションによって、仕事の取り組み方を変える

ということです。常に同じ取り組み方ではうまくいきません。

学年主任では、学年を引っ張っていくようにしています。

本校では毎週金曜日に、学年会を行ないます。学年会が始まるまでに、

当日の話し合う内容
学習内容の進捗状況
各クラスの子供の様子

などを書き込むための google ドキュメントを用意しておきます。google ドキュメントは協働編集することができます。そのため、できる限り学年会が始まるまでに、それぞ

れが書き込んでおくようにしておきます。
決して、学年会で0からスタートというようなことはしません。ましてや学年会で話し合うことが最初から決まっていないような会は、「時間がかかるだけの会になり非効率」です。職員会議では最初から案件が決まっていますよね。もし決まっていなかったらどうでしょうか。そんなイメージです。
しっかりと話し合いたいことを話し合うために、
情報交換をするために、
事前に学年主任が準備をしておく、という取り組みをしています。他にも、
提案ごとがあれば最終決定をしたり、
ときには厳しいことを言ったり、
方向性を決めたりするといった取り組みをしていきます。
では、研究部の立場になるとどうでしょうか。私は研究部のリーダーではありません。だから、基本的には学年主任のように話し合うことを決めるということはしません。もちろん議題があれば、「こんなことが気になるのですが」と研究部のリーダーに相談をします。

研究部には、他の学年の学年主任の先生もいます。もしその学年主任の先生方がそれぞれに最終決定したり、方向性を決めたりするといったことをしたらどうでしょうか。そんな研究部は崩壊をするか、研究部のリーダーがとてつもなくしんどい思いをするしかありません。

清原、松井、落合、マルティネス、江藤、ローズなど4番ばかりを集めてきた長嶋監督

学年主任のぼく
研究部のぼく
ICT推進委員のぼく
家でダラダラしてるぼく
ぐでーーーん
いろんなポジションがあります

時代の巨人軍がとてつもなく強かったかといえばそうではありません。打順という組織を考えたときには、やはりそれぞれの立場、役割があるのです。

そこを理解できていないと、単なる寄せ集め集団になってしまう恐れがあるのでしょう。

こういったことが案外理解されておらず、また実行されていません。

この研究部の立場では、

リーダーの相談相手になったり、必要なものを作成したり

といったように、リーダーのサポートをすることに取り組むようにもしています。

ICT推進委員のときには○○を、入試の問題作成のまとめ役のときには○○を、算数検定などのとりまとめのときには○○をといったように自分の取り組みを変えていきます。

ぼくは研究部にいますが、研究部長ではありません。ぼくの数億倍最適の人が担当をされています。とても研究熱心な方です。

ぼくはありがたいことに、数多くの書籍を出版しています。公開授業をしたり、研究授業をしたり、多くのセミナーにも登壇をしています。そういったこともあるのか、

「先生が研究部長ではないんですか？」

「研究部長に言いたいことはないんですか？」

「樋口先生自身が研究部長をしたいとは思わないんですか？」

などと質問されることがあります。

自分には○○という立場が良いんだと思っていても、その立場に任命されなかったとき、組織における事情があったり、自分が実力不足ということもあることでしょう。また人には適材適所があります。

私は本を出版していようが、学会に所属していようが、そんなことは全く関係ないことなのです。そんなことで決めてはいけません。組織の中でどう機能していくのがよいのかという視点こそが大切なのです（今の立場に何も不満はありません）。

とはいっても、20代のときは「実績があるのだからぼくのほうが研究部長にふさわしい」と思っていたことがありました。若気の至りとしておきましょう。

40代の今となっては、このような元気のよい若手に出会いたいなと思うこともあります。

Ⅲ−3

どうぞ定時で帰って！▼▼▼

やることはやろう!!

どうぞどうぞ、定時に帰ってください
どうぞどうぞ、年休とって帰ってください
残業なんかせずに、どんどん帰っていきましょう！

これらのことは嫌味ではなく、心の底から思っていることです。

でもね。

「やることはやっておいてね」

ということです。これが大前提です。だから、残業しろ！と言いたいわけではありません。

「あなたができない分は誰かがカバーをしている」

ということを忘れないでください。その分、遅くまで残ることになるのかもしれません。

その結果、あなたが幸せだったとしても、周りも幸せでなければあまり意味がありません。学級で日記をみるとか、教材研究をするとかは個人裁量です。それをしなくても、自己責任の範囲です。そういった仕事ではなく、

「学年の仕事や学校の校務分掌などの仕事」の話です。

やることをやらないとその分を違う人がすることになります。事情があって、早く帰らないといけないというケースもあることでしょう。だから、取り組む量に違いがあるのは仕方がないのかもしれません。

しかし、そういった仕事が１００あるとき、３人で均等に分けることができたら、１人33。１あまりますが、これぐらいであれば、その分を引き受け、34にすることぐらいは何も文句はでないでしょう。

でも、40・40・20、45・45・10などとなったらどうでしょうか。これでは不満が少し出てきてしまう可能性があります。

それでも、不満が出ない可能性があります。その比率であっても、できていない・間違えているなどになるともう不満爆発です。

私は研究会や学習会に頻繁に参加したり、講師で話をしたりしています。こういった人が学校の仕事でやるべきことをしていないと、すぐに不満が爆発します。

「外で取り組む余裕があるのであれば、学校の仕事をしろよ！」

と思われても仕方がありません。私はこのことは特に気をつける、意識しているようにしています。

私たちのメインは学校外の研究会や学習会、学校外の人間関係ではありません。

今、勤めている学校、人間関係がメイン

になるのです。ここを勘違いしてはいけません。常に自戒しているつもりです。

初任者の方はしたくてもできないということはあります。これからできるようになっていったらいいのです。でも、
転勤した先生がこれでは通用しません。

「わからないことであっても、なんとか取り組む」

ということが求められます。経験年数があればあるほどそうです。

そうはいっても、転勤したてで学年主任になってしまうと、わからないことだらけです。

でも、学年を運営しないといけません。

こういったときは原点回帰です。わからないことはわからないとどんどん質問していきます。でも、相手に質問をするということは、

「相手の時間を使う・奪う」

ことになります。

だから、それを少しでも解消するために、学年で組んでいる先生と同じタイミングで同

じ仕事をしたりすれば良いのです。そうすることで、相手の負担感は減ります。最悪なタイミングは、相手がその作業を終わってから、その作業について聞くということです。

相手に質問をすることが苦手な方やより何をしているのかという子を知るために、

「先生、何をされていますか」

ということを口癖にします。

そうすることで、いつかはこちらから言われなくなっても、自然と相手から「今、これをしているよ」と言われるようになります。

逆の場合で、質問されることもあります。聞かれたときには答えるようにしています。

ただ、その質問の中には、

「もっと人に頼らず、自分で考えてごらん」
「失敗を恐れずにまずはやってみたら良いのに」
「それって、職員会議の資料をみたらわかるよ」

と思うことが多くあります。何をしていいのかわからないというよりも、そのことを理解しようとしていない、知ろうとしていない、最初から人に頼ろうとしている人に出会うことがあります。

こういう場合、そういう人には直接答えを言うこともあれば、「○○の資料に書いていますよ」と言うこともあります。意地悪で言っているのではなく、

過去の提案文書や資料にしっかり目を通す
職員会議で提案された文書を読み込む

という力をつけてほしいと思っています。こう質問する人は癖になってしまい、経験年数関係なく、聞いてしまうようになってしまいます。

Ⅲ―4

いつも仕事が遅い人との仕事術？

仕事を分類せよ

組織の中で、信頼できない人はどのような人でしょうか。

たくさんあるでしょうが、そのうちの一つとして「仕事が遅い人」ではないでしょうか。

ぼくは仕事が遅い人をあまり信用しません。ルーズだなと思ってしまうからです。

仕事が遅い人とはどのような人かといえば、

- 締め切りを守れない人
- 締め切り日に夜遅くまで行っている人
- その仕事のクオリティが低い人

などのような人ではないでしょうか。

このように仕事が遅い人の特徴として、

- 仕事に優先順位を決めることができない
- 「仕事にかける時間の長さ=仕事の出来」だと考えている
- 計画立って取り組むことができていない
- ゴールが明確ではない

といったことが挙げられるでしょう。

最後の2つは、初任者の先生や転勤1年目の先生方はできないことがあっても仕方がないことでしょう。

その学校に何年間か勤めていると、その学校の行事がよくわかり、どれくらいから準備をした方が良いのかといったことがわかるでしょう。

「勤務校の経験」がかなりのアドバンテージを持ちます。初任者の方は1年目、この経験がないことになります。1年間、その学校に勤めると、2年目以降は一気に「勤務校の経験」を活かし、活躍することができます。

この「勤務校の経験」が厄介なのです。同じ小学校で勤務していたとしても、A小学校とB小学校では微妙にその経験が異なるのです。私は、7校の職場を経験しています。やはり、それぞれの学校の文化が存在します。微妙に取り組み方が異なります。

ただし、

子供を大切にしようとかなどの「根本」は何も変わりません。

それぞれの学校目標も異なりますし、その学校で勤めていた人たちも異なります。確かに、微妙に異なることは異なるのです。

我々にはたくさんの仕事が舞い降りてきます。夏休み明けに久しぶりに学校にいったときに机の上に大量のプリントが置かれたり、大量のメールがきていたりするとうんざりする気持ちは誰にも共感してもらえるのではないでしょうか。

その仕事をまずは分類していきます。

『さる先生の全部やろうはバカやろう』を書かれた坂本良晶さんは、仕事を『乾き物仕事』と『生もの仕事』とに分け、学期中に『生もの仕事』を、長期休み中に次学期の『乾きもの仕事』をするというように仕事を回していこうと提案されています。

このように仕事にも様々な視点から分類・整理することができます。ここでは、『アウトプット思考』を書かれた内田和成さんは、仕事と作業の区別をつけることを提案されています。これを使って考えてみます。内田さんは、

仕事とはある目的を達成すること
作業とはその目的を達成するための手段

と定義づけています。

そして、

●作業は極端に言えば、手出しだけで動かしていれば済んでしまうようなこと
●仕事は頭を使う行為が中心となる。問題発見や問題解決、クリエイティビティ、マネージメントやリーダーシップが必要

と言われています。

作業は例えば日程を変えるだけで良い内容、個人面談を組む内容、掲示物を貼る内容などを示すのかと思われます。イメージがつくでしょうか。

仕事は、教材研究、子供とのトラブルの話し合い、個人面談の内容などでのことでしょう。

ぼくは、

作業は時短をすることができるが、仕事は時短することが難しいのではないかと考えています。そして、

作業は時短してもよいが仕事は時短することは難しい

と感じています。

仕事で時短をすると機能しなくなる
仕事で時短をすると手抜きになってしまう

のではないかと考えています。

例えば、子供とのトラブルの話し合いを時短しようとするだけでうまくいかなくなります。あとで、

「先生が話を聞いてくれなかった」
「先生に話をしてもムダ」

ということを言い出すかもしれません（最近、このようなことを言う子供、保護者が急増しているように感じます）。

人と人の関係を時短といった考えで対応してはいけません。

そもそもおかしいことです。

だからといって、長い時間をかけなさいと言っているわけではありません。すぐに終わるようなことはすぐに終わり、時間をかけるところは時間をかけようと言っているのです。同じ内容でもそれぞれの面を持つことがあります。

例えば、「遠足の下見」です。遠足の下見をしているときは電車の時刻を確認したり、トイレやお弁当を食べる場所を探したりと当日の子供の様子を思い浮かべながら、頭をフル回転させていることでしょう。ここで時短をしようとすると、大事なことを見落とすということもあります。

しかし、遠足の現地での下見が終わり、「遠足のしおりづくり」になるとそこからは「作業」です。遠足の場所が変わっていなければ、昨年度の遠足のしおりのデータを引き出し、日時や変更点を変更すれば完成です。

かわいい挿絵を挿れたりすることに時間をかける必要はありません。どうしても、挿絵を使いたければ、生成AIでキーワードを入れ、作成すればよいです。挿絵をいれたい人は、子供を「楽しませたい」という思いがあるのかもしれませんが、本番の遠足が楽しく終わることができればよいのです。間違っても0から遠足のしおりをつくる必要はありません。

「遠足のしおりづくり」は遠足の下見の帰りの電車でパソコンを開き、作成することもできます。Google などの共同編集をしておけば、スマホで修正することもできます。

こういった遠足のしおりといった作業に時間をかけないといけないという美徳があるのであれば、今すぐ無くしましょう。そんなのは美徳でも何でもありません。あなた自身は良いと思っていても、その考えによって、周りがマイナスな気持ちを抱いているということも考えられます。

Ⅲ—5

仕事を作業と考えてはダメだ

仕事なのか？　作業なのか？

人によって、どちらに位置付けるのかということが異なっていることも起こります。みなさんは、テストの○つけは「仕事」と「作業」のどちらでしょうか。

わたしは「仕事」に位置付けます。単に○つけをして、点数をつける、そしてその成績のデータを残すということであれば、「作業」です。

ぼくはテストの丸つけをするときは、

2枚のテストを比較しながら、○つけをしたり。
同じ問題だけを○つけしたり。

しています。これらまでは作業です。だから工夫をして、時短をします。しかし、点数をつけるときに、

「この子はどこで間違えているのか」

ということを確認するようにし、全ては覚えきれなくても、覚えるようにしています。こういったことを行うと、「仕事」になります。

ここで間違えを確認したことは、個人面談で保護者に伝えたり、子供の指導の手助けに使ったりします。

ぼくは〇つけをした後にこういったことをしますが、中には〇つけをしながら、そのようなことをする方もいることでしょう。そういう方はとても時間をかけて、〇つけをします。そういった方に時短をさせようとするのはナンセンスです。

テストは単に成績表をつけるだけの評定のためにしているわけではありません。子供の達成度を見たりしていくためのものでもあります。だから、「作業」としてだけとらえられるのは何だか悲しいことです。

「タブレット端末、デジタル教科書が入ってきたので、教材研究をしなくなりました。授業が始まる数分前に、ちらっと指導書をみるようになりました」

という残念な話をここ最近聞くようになりました。

これでは授業はうまくはいきません。教材研究を時短してはいけません。

教材研究をすることは時間がかかることです。大変なことです。でも、その教材研究を時短してしまうと、

子供たちの学びを深めることができません。

そして、

●子供たちは今こう考えているということは次はこうするのではないか

●こうつまずいているから、このように指導しよう

といったことを行うことができません。

でもこういったことを仕事ではなく作業だとしてしまうと、こういったことが抜け落ちてしまうことになります。

こういったこともあります。

学級通信を書くことは、作業と仕事のどちらかでいえば仕事になります。子供たちの日常を各家庭に伝えたり、子供たちの頑張りを伝えたり、先生の思いを伝えたりと教育的効果があるときは仕事です。

でも、学年で出すことが統一されている、毎日発行したい、毎日出し続けるに美学がある、学級通信をSNSで公開して、それをきっかけに本を書きたいといった本来の教育的効果とは違った目的になっていると、それは学級通信を書くという作業に仕事から変わってしまいます。

作業に変わってしまったのであれば、もう学級通信なんか書く必要はないのかもしれません。

作業なのか仕事なのかということを見誤ってはいけません。
仕事を作業に変えてはいけません。

ただ、そうはいってもぼくは提案が遅い人がとても苦手です。いや、苦痛です。

仕事ではなく、作業であってもです。

そして、

「誰かが提案をすることが遅いこと」

「自分がみんなに提案をすることが遅いこと」

のどちらも苦手なのです。

リーダーには、

「先を見通す力」

が必要不可欠だといえます。こんなことを書くと、自分には先に見通す力がないからと、だからリーダーが無理と思うかもしれません。でも、大丈夫です。

立場が人を育てる

という言葉があるように、リーダー的な役割の立場になったときに、先を見通そうと頑張って、取り組むことで身についていく能力です。

そうはいっても失敗したらどうするんだと不安な人も多いことでしょう。そんなときに出番なのが私のような中堅やベテランです。

私のような中堅やベテランがサポートをしていき、大きくつまずかないようにサポートをするということが大切です。

なぜ、そんなことをしないといけないのか、時間がかかってしまうといったことを思うかもしれませんが、これらのことをかつては私たち自身も先輩にしてもらってきたはずです。

自分がされてきたことを今度は後輩へ恩送りをしていきませんか。

Ⅲ－6

何でも早くとりかかれ!!

仕事は早めに

ここまでに、仕事と作業に区別するということを書きました。わたしたちは個人で仕事と作業を行うということもあれば、仕事や作業を他人にお願いするということもあります。基本的には、誰かにしてもらう仕事や作業は早めに提案することが大前提です。自分基準ではなく相手基準で提案をしていく必要があります。自分だったら、これぐらいでできるかなという感覚ではダメということです。相手にも様々な事情があります。そこを考慮しないといけません。

仕事は1カ月前～2週間前
作業は1カ月前～1週間前

といった感覚を持って、ぼくの場合は提案をしていきます。

とはいっても、急に仕事や作業が入ってくることがあります。ただ、

「作業であれば最悪の場合は数日前」

でもなんとかなります。作業ですから。

でも、これが作業ではなく仕事では数日前では、先生方に負担感が増してしまい、文句が出てきます。

自分のミスにより、仕事や作業を増やしてしまうこともあります

「やってしまったことは仕方ない」

と考えています。やってしまったことに対して、ごまかすことに対しては私は一番厳しいです。樋口学級の子供には「ごまかすな！」と厳しく言うことがあります。

やってしまったのであれば、これから先にどのようなことをしたらいいの、ということが何より大切です。これはどんなことでも言えることです。

Ⅲ－7

本番までの余裕が人生を変える?! ▼▼▼

架空の締切日を設けろ

私は仕事が速いと言われてきた人です。そのコツとして、書類仕事が来たとき、すぐに取り組めそうなものはすぐに取り組んで提出をします。少し時間がかかりそうな仕事でも、「途中まではとりあえず取り組み、残りを別の日で取り組む」といったように計画をして、取り組みます。

また締切日よりも早めに自分の中で締め切りを設定しておきます。本当の締切日ではない。

架空の締切日を設定する

ようにしています。この方法はオススメです。

あまり大きな声では言えませんが、伝えられる締切日は実は本当の締切日ではないことが多いですよね。みんなから集めた書類を処理したり、整理したりする時間を確保しないといけません。だから真の締切日、デッドラインの締切日が違う日にあるのです。この集めた書類を処理したり、整理したりする時間でみんなの提出物が揃っていないと作業者はイライラするのです。もし作業したりすることがなければな、締切日に遅れたとしても、デッドラインの締切日に間に合えばあまりマイナスなことはないでしょう。

というのは甘い考えです。

マイナス貯金というものがあります。

「またこの人、締め切り守れていない」「今回も出ていないよ…」「個別に声をかけていくか…」など同じマイナスなことを繰り返していくと、マイナスがその人に貯金されていきます。

何かの用事で、忘れていて締め切りに遅れてしまうことはあります。ぼくもあります。でも、1度や2度のことではマイナスな気持ちにはなりません。何度も繰り返し、マイナス貯金を自分自身で行っているのです。

会議とかに遅れてくる人はいませんか。そういう人は「クラスのことが…」「急な電話が…」と言われる方がいます。もちろんそういう人もいますが、大体遅れてくる人は同じです。

話を戻します。架空の締切日に提出できた場合は、

本当の締切日までに余裕

が生まれます。その余裕のところで次の仕事に取り掛かるのか、それとも休むのかは自由です。

一方で、架空の締切日を守れないときがあります。体調を崩したり、トラブルが発生したりすることもあります。でも、ご安心ください。本当の締切日にはまだ数日あります。そこまでの間に仕上げて提出することで、問題ありません。何も遅れていません。

こういった計画や取り組む仕事内容、締切日などは全てぼくの場合は、Google カレンダーで調整するようにしています。締切日などはオレンジ色、仕事内容は todo リストにしておき、達成するごとに消していくということを行っています。

ぼくの場合は Google カレンダーですが、別に手帳でもなんでも構いません。ある年は手帳で行っていたことがあります。なんにせよ、自分でしやすい仕事内容や締切日の方法が必要ということです。

これは残念ながら教えてもらうことはありません。自分で最適な方法を見つける必要があります。

Ⅲ―8

教師同士の間の〝スキマ風〟はなしよ！▼▼▼

専科制によって楽になる？

高学年で専科制の学校が増えてきたと思います。でも、専科によって楽になったという考えには違和感があります。

ぼくの学校でも専科の先生が多くいらっしゃいます。そのおかげで、持ち時間数が減っています。本当に感謝です。

専科の時間には、丸つけをしたり、次の授業のことを考えたり、校務分掌の仕事をしたりしています。それ以外にも子供達の様子を見に行ったりしています。子供たちのことを監視しに行くというよりも、

子供たちのサポートをしに行ったり、
子供たちの様子を把握したり、

するために行きます。ときには指導をすることもあります。

専科の先生と授業後、「子供たちどうでしたか？」と話をすることがあります。専科の授業は、担任の先生による授業ではありません。だからこそ、担任にはみえていない子供の姿があるかもしれません。または子供のことを伝えたり、聞いたりといった

子供の様子の情報交換

をする必要があります。だからこそ、

授業準備の時間は短縮されたとしても情報交換をする時間が増える

と考えています。何かトラブルがあったときには、

基本的には担任の先生が対応

をしないといけません。そんなときに、「トラブル知りませんでした」では子供にも保護者にも通用しません。

自分の授業以外で子供たちがどうだったのかという情報を集めておく必要がある、ということです。

トラブルだけでなく、体調面といったこともそうです。

そのように考えると、情報交換をしている分、逆に時間がかかるかもしれないし、楽になったのかはぼくにはわかりません。

専科制は授業をすれば終わりではなく、

授業中の子供たちの様子を担任の先生に伝えるまでが仕事

です。

とはいっても、毎日のように事細かくまでは言う必要はありません。最低限、

授業で気になることがあった場合
担任の先生から言われていた子供の様子

は確実に伝えるようにしておきましょう。

専科の先生には専科の先生ならではの大変さはあることでしょう。でも、担任の先生には担任としての大変さがあることは間違いないです。（余談になりますが、ぼくも担任を外れたことが2年間あります。正直、担任のときに感じていたストレスがゼロになり、とても驚いたことを覚えています。）

少し話は変わりますが、授業スタイルが自分とは異なる方法であっても、

間違えても担任の先生の方法を押し通すあまり、
専科の先生が指導をしづらくなるといった状況を作ってはいけない

と考えています。もちろん言いたことは言っても良いことでしょう。でも、それにより相手にマイナスな感情を抱かせるようなことをしては子供にとってもマイナスです。

ときには、専科の先生がしやすいようにサポートすることも子供の成長には必要なこともあります。

Ⅳ

ウソをつく相手にも〝三分の理〟?!

Ⅳ−1

こんな教室、こんな職員室はやだ▼▼▼

学級と職員室の組織は似ている？

みなさん、このような特徴がある学級はどう思いますか。

- 朝の読書の時間に8割が読書できない
- 休み時間から帰ってこない
- チャイムがなっても教室に揃わない
- 5分休憩、教室に9割子供がいない
- 宿題をきっちり出せるのは3分の1以下
- 授業中に立ち歩く
- 授業中にゲームをしようとする
- 暴言の嵐。言葉遣いが悪い
- すぐにキレてしまう子がいる

●すぐにものにあたってしまう子がいる
●特定の子に、きつくあたる
このような学級を正直担任したいと思わないでしょ。
では、こんな職員室はどうでしょうか。・
●職員会議で8割が違うことをしている
●会議時刻になっても来ない
●会議時刻になっても会議にメンバーが全員揃わない
●放課後、職員室に9割の教職員がいない
●仕事の締め切りをしっかり守れるのは3分の1以下
●仕事に集中して考えることができない
●勤務中にゲームをしようとする
●言葉遣いが悪い
●すぐにキレてしまう大人がいる
●すぐにものにあたってしまう大人がいる
●特定の大人に、きつくあたる

うん。こんな職員室、組織は嫌ですよね。

これらはこれまでにぼく自身が出会ったことがある大人たちです。

前者の教室の場合は担任の先生がトップですが、後者の場合は校長がトップになるということです。校長先生もこのような職員室の担任になりたいとは正直思わないでしょう。担任の先生の場合は、始業式が始まる前であれば、担任する学級を変えてもらうことも不可能ではありません。でも、職員室の場合は不可能です。最低1年間はその担任を校長はしないといけません。

もちろん、それぞれの職員が持っている背景などは子供たちの背景に比べると、多様です。それでも、ある意味、学級と職員室の組織が似ているところがあると思いませんか。職員室でこれらの行動をしている人はいますよね。

「学級経営が上手だった人は、職員室経営も上手ではないか」と思ったことがあります。学級経営が上手だった人でも、職員室経営は上手ではない」ということはあっても、学級経営が上手ではなかった人は、職員室経営も上手ではないということはいえると思います。なぜなら、やはりどちらにしても「人と人との関係」だからです。だからこそ、

●前述のような行動をする人が得する組織ではいけません。

●大声で言う人の話だけが通る世の中ではいけません。
●正しいことをしている人が損をするような世の中ではいけません。
●小さい声でも正しいことをしている人が得をする世の中でないといけません。

Ⅳ−2

止めてよ、オーバーリアクション▼▼▼

些細なことだけど

些細なことかもしれないけれど、気をつけておいたほうがいいことを書いておきます。

例えば、異性の同僚と話をするときには、

「扉を開けて話をする」

ということをしておきます。万が一の場合に備えておきます。

職員室経営と学級経営は似ているとも書きました。そんな話を書いたわけですが、どちらも人と人との関係では共通することです。子供への指導、大人への指導が大きく変わることはないとも考えています。

ということは

大人相手にしないようなことは、子供相手にしないほうがよい

ということを言いたいのです。

わたしは、低学年の先生がよくされる「すごいねぇ〜、よくできたねぇ〜」と甘い声で、オーバーリアクションで指導されることがとても苦手です。きっと子供たちは「先生。きっと演技をしているな」と見破ることでしょう。こういったことを上司にされたらどうでしょうか。「胡散臭いなぁ」と思うことでしょう。もちろん、心の底から思っていた場合は違います。心の底から思っていることが、子供たちにも伝わります。

些細なことのようにみえて、どれもとても大きなことです。

一つの綻びがいずれ大きな崩壊へとつながるのですから。

みなさんには現在気になっている些細なこと、継続的なこと、といったものがお持ちのはずです。些細なことに気をつけましょう。

Ⅳ—3

胸キュン！　先生の学級に入れたかったです▼▼▼

特殊な事例かもしれないが…

私は附属教員、私立教員として働いてきたわけですが、公立小の先生にはできない経験をしていることがあります。様々なことがありますが、一つは「小学校入試」があるということです。

入試とは子供を選抜するということです。80名募集で100名の希望があった場合、20名に不合格を出し、違う学校にいってもらうということです。

はじめて、入試業務を担当したときに、校長から「合格発表の様子をしっかりみておきなさい」と言われたことがあります。その学校は、合格発表は紙で貼り出すという方式でした。

いざ、合格発表が貼り出されたとき、

●喜ぶ保護者

●お子さんと抱き合う保護者
●すぐに電話をする保護者
●すっと後ろを振り返り、学校から出ていく保護者
など様々な姿をみることができました。
その中で、
合格することができずに泣き喚く子供
不合格で落ち込んでいる保護者に「ぼくどうだった?」と無邪気に聞く子供
などの姿もありました。なかなか強烈です。たった、5、6歳の子供たちがこのような人生の岐路に立たされるのです。なんと言っていいのかわからない感情になります。自分が泣きそうになるのをグッとこらえたことを今でも覚えています。
なかには、「樋口先生ですか?先生の学級に子供を入れたかったです」と泣きながら、受験生の保護者に言われたことがあります。そのときのぼくはどのような表情をしていたかは覚えていませんが、胸がギュッとなったことはいまだに覚えています。
このような姿をみて、

子供たちを責任もって預かっている

子供たちを選択したのは自分自身だ

という意識が強くなりました

「樋口先生は子供のことでイライラしないよね」と言われることがあります。あたりまえです。前述のような意識があるからです。だから、どのような子供の言動も受け入れるし

かないのです。子供たちの悪口や愚痴を言っている暇などないのです。

とはいっても、イライラすることは毎日のようにあります。それを自分なりの方法で解消しているのです。ゲームをしたり、音楽を聞いたり、食べたり（これはあまりよくないですが）することも解消法ですが、ぼくの場合は、「振り返り」も大切な解消法です。1日を振り返り、あのときこういう指導をしたらよかったなど振り返り、明日はこのようにしていこうと作戦をたてるようにしています。紙に殴り書きをしながら書くこともあります。

子供たちが卒業するときに、「この学校、楽しかったな」と思ってもらえるために、この1年どんなことができるのかということを意識しています。

あくまで、入試という私立や附属といった特殊な例かもしれません。でも、「子供たちを責任もって預かっている」という意識は誰もが持つべきことではないでしょうか。

あなたは教育のプロなのです。1年目とかベテランとか年数は関係ありません。

Ⅳ－4

嘆くのはゴールデンウィークまで▼▼▼

過去ではなく現在を受け入れろ

昔の栄光、武勇伝、良き時代の話をしている人をどう思いますか。

飲み会でそのような話をする人に対して、嫌悪感を抱く人も少なからずいます。

原稿を書いている2023年。コロナ前の学校行事が戻ってきました。また、コロナによる制限もなくなり、コロナ前のような学校の様子が戻ってきました。そのせいもあるのか例年以上に先生方が疲れているように感じます。そういうぼくも疲れています。

なぜなのでしょうか。数年ぶりのコロナ前の学校の取り組み…。そうブランクがあるのです。またコロナ禍中に先生になった方々はコロナ禍前の学校の様子のことを知りません。

とはいっても、1年目の先生は前年度のことはそもそも知らないのではと思われるかもしれません。それほど、コロナ禍中の教育活動はそれほど異例なことが多かったのです。

そういったことは、子供のなかでも起きています。子供たちの様子をみていてもブランクを感じることがあります。

「コロナ前の5年生はこうだったな」
「こんなことが育っていないな」
「コロナはこんな力を子供から奪い去ったのか」

などと思うことは多々あります。

でも、そのブランクを感じて、嘆いていても意味がないのです。嘆いても何も解決することがありません。そのようなことを言い続けるということは、

目の前の子供には、組織を受け入れることができていない

という現状があるということです。

そして、何よりもそういう話というのは昔の栄光、武勇伝、良き時代の話をしている人と何も変わりはないということです。

昔のことを振り返って、嘆くよりも、

今の子供たちの現状をしっかりと受け入れ、どのような力がつくのかを考えていく

ことがなによりも必要なのです。

全く嘆くなということは無理です。ぼくは無理です（笑）

正直、新年度新しい学級になったときに、
「昨年度にきちんと伝えておいてよ」
「昨年度に何してたのよ」
と前の学年の先生に対して嘆いたり、

「子供たち、こんなことできないなぁ」

「もっとこういう力をつけていてよ」

と子供に対して嘆くことも昔はありました。でも、自分でルールを決めていました。それは、

嘆いていい、文句を言っていいのはゴールデンウィークまで

と自分ルールを設定していました。

よく考えてみると、4月いっぱいは自分が担任をしているのです。自分も組織の一員です。4月の取組がどうだったのかということを考え始めないといけないのです。

だから、嘆くということはこういったことを考えることを思考停止させるのかもしれません。


いつまでも嘆いているの、カッコ悪いですよ。

いつも嘆くことを習慣化しないようにしましょうね。

Ⅳ－5

一人だけ○○ちゃんと言っていたら…▼▼▼

大声で叱ることは

ミスをしてしまった教職員がいたとします。その教職員に対して、管理職が大声で叱っていたとします。さて、あなたはどう思いますか。

なぜ、「大声で叱るのだ」とマイナスな気持ちになることでしょう。

この構図は教室でも同様のことが言えます。

ぼくは、大声で子供を叱るということがあります。

以前は、安全面や人権面といった場面で相手をマイナスな気持ちにさせるようなことをした場面では大声で叱ることは仕方がないと考えていました。

しかし、今は

大声で叱る＝指導力不足

だと考えています。

大声で叱らなくてもいいように、普段から安全面や人権面といったことに関して、指導し（指導＝叱るではありません）、子供たちにしっかりと力をつけていれば、このようなことになりません。

大声で叱るということを基準にしてはいけません。これから先もぼくは子供を叱ることはあることでしょう。でも、そのたびに、

叱ったことに対するリフレクション

を忘れずにします。リフレクションをして、これからの指導に活かすようにします。

指導力不足という話題でいうと、

「指導力に差があるのはあたり前」

です。これは悲観的な話ではありません。指導力の差というと何かマイナスなように捉えられてしまいがちですが、経験年数に差があり、

経験の差による指導力に差がある

ことはあたりまえのことになるのです。

その差を埋めるために、本を読んだり、学習会や研究会に参加したり、日々のリフレクションをしたりして、学び続けるしかありません。

学び続けることで、自分では正しいと思っていた視点が間違えていることに気づき、より良い視点へとアップデートされていきます。

子供の呼び方にも同じことが言えます。

大人に対して、○○ちゃんとか呼び捨てをしますか。○○ちゃんとか呼び捨てとかをし

ていたら、それはきっと子供の前で出ます。（なぜ、わかるといえば、ぼくがそうだったからです。「まんたろう」と呼ばれることが多く、「樋口先生」と子供の前で言われなかったのです。）

○○ちゃんとか呼び捨てしないのはなぜでしょうか。その理由が子供たちに当てはまるのです。

親しみを持つために呼ぶ。それが大人の場合でも通用するでしょうか。

一人だけ○○ちゃんと呼んでいたら、セクハラと言われるかもしれませんよ。

様々なことは大人と子供と同じルールで取り組むべきだということを言いたいわけではありません。

大人で通用しないルールは子供にも通用しない

ということを言いたいのです。

ここまでは、教室という組織について書いてきましたが、もちろん職員室でも適用される話です。

Ⅳ－6

一人では限界があるのは当たり前▼▼▼

現実を受け入れろ

良い先生とはどんな先生でしょうか。
どのような先生なのかは、読者のみなさんによって違うかもしれません。
では、学級における良い先生はどのような先生でしょうか。

●子供のことをしっかり見ている先生
●子供の声に耳をかたむける先生
●子供への教え方が上手な先生
●子供に優しい先生
●子供に寄り添うことができる先生

様々な先生像を思われたことでしょう。これ以外にもきっと想像されたことでしょう。
この先生像を思い浮かべたとき、思い浮かべた先生は、一人ですか、それとも複数の先生のどちらを思い浮かべましたか。

おそらくは一人ですよね。

良い学級とは担任一人で取り組んでいくことが、美徳のような風潮があるように思います。私自身もクラスに不登校の子がいたときに、

「自分でなんとかしないと」という考えが強くありました。責任感がよりある人たちはより強く感じてしまい、そのことにより、メンタルを崩してしまうということもあることでしょう。

一人で抱え込みすぎずに、管理職に頼る以外にも、
●スクールカウンセラー
●スクールソーシャルワーカー
●教育相談員
などの私たちよりも専門的な知識を持った外部の人材がいます。これらの方々はどの自治体にも配置されているものです。

また、「いじめ案件」があったときは、すぐに呼びかけ、いじめ対策委員会を開いてもらいましょう。「学級にいじめがあるなんて、恥ずかしい、同僚に何か思われたらどうし

よう」などと思わないでください。

変な話ですが、いじめはどこにでもあるものです。いつでも起こってしまうものなのです。

チーム学校と言われている今、チームではなくソロという現状があります。もはや、

一人で子供を見ることには限界がある
複数で見ることで子供は救われる

のです。経験年数が浅い先生が増えてきたから、若い先生が増えてきたからといった理由ではありません。そもそも一人で見ることには限界があるのです。

自分のことを理解してくれている人はどれだけいますか。数人ではないでしょうか。いや、本当に自分のことを理解してくれている人なんかいないのかもしれません。自分自身ですら、理解しきれていないのですから。

理由の一つとして、

我々は思っているよりも子供のことを見ることができていない

ということです。どんなに有名な授業の達人、学級づくりの達人であっても子供のことを完全に見とることができているとは思えません。きっとみなさんも薄々気づいていたことではないでしょうか。

少し実験をしてみましょう。動画サイトで「バスケ　認識テスト」と検索をしてください。その動画を見てください。

白いチームが何回パス回しをしているのかに最初着目していたことでしょう。でも、途中でムーンウォークをしている黒い服の人には気づかなかったことでしょう。そうです。どんなに一生懸命に見ていても、見落としがあるということです。

これはある意味仕方がないことです。人は見ることには限界があると言うことです。できていないことに傷の舐め合いをしたいわけではありません。

だから、我々はそういった見落としをなくしていくために、「情報を集める」ということをしていく必要があるということです。

探究サイクルで、

〈情報を集めて、情報を整理・分析して、情報をまとめる・表現する〉

ということが言われていますが、我々にも子供のことを見ていくために、この探究サイクルを私たち大人達も回していく必要があると言うことです。そう考えると、

子供のことを見て、子供のことを考えていくということは探究

なのかもしれません。

休み時間には、次のように情報を集めていきます。

- グルグル歩き回る
- 教室で〇つけをしながら、話をする

トラブルのときには、次のように情報を集めていきます。

- ●あらゆる面で話を聞く
- ●じっくり話を聞く
- ●時間をかけて聞く
- ●様々な先生に「最近、気になることありませんか？」と聞く

それでも限界はあります。

だからこそできることは精一杯しておきたいものです。

そのため、やはり人それぞれ子供を見るというテリトリーが存在するように感じています。おそらく経験年数によって、そのテリトリーの大きさも違うことでしょうし、その先生の性格によっても異なることでしょう。

ひとりで子供を見ているとき、もしその子供がテリトリーから出てしまったとき、その

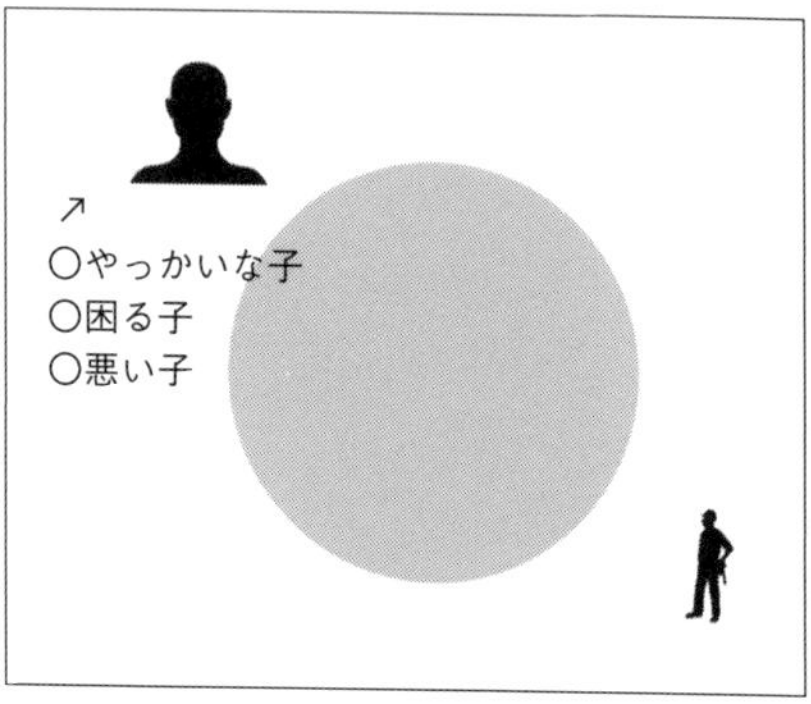

子は、
●やっかいな子
●困る子
●悪い子
というようにみられがちです。

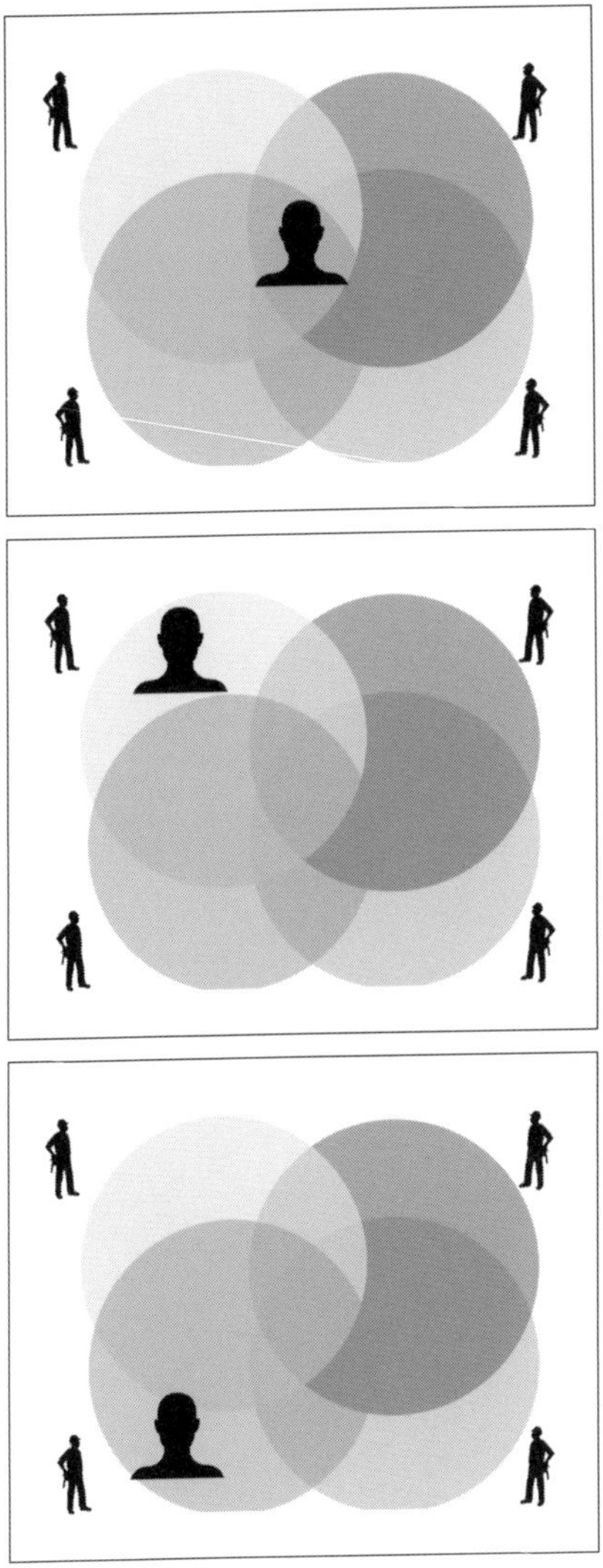

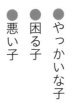

多くの先生と子供の情報を共有しておくことで、一人の子を様々なテリトリーで囲むことができます。

そうすることで、次のように一人のテリトリーから出てしまったとしても、違う人のテリトリーに入ることになります。

つまり、その子はやっかいな子、困る子、悪い子というようには見られないかもしれないということです。

これが、複数の先生でその子を見るということであり、複数の目で見る良さになります。

Ⅳ―7 認識のズレを減らせ

子供の受けとめと教師の考えのズレはどこにある▼▼▼

では、問題です。

①6年生の子供たちは、「自分にはよいところがあるように思いますか」と質問されたとき、プラスな回答を選択する子は何％くらいでしょうか。
②6年生の子供たちは、「先生はあなたのよいところを認めてくれていると思いますか」と質問されたとき、プラスな回答を選択する子は何％くらいでしょうか。

ある研修でこの問題をだしたときには、
①は高くても70％、低い方で30％。その間が多いというような状況でした。
②は高くて80％、低くて60％というような状況でした。
私はこのように聞かれたときには、①は65％、②は70％くらいかなと思っていました。

みなさんと同じような感覚でした。

実は、この質問は令和5年度の全国学力・学習状況調査の質問紙の質問になります。全国の小学生が答えたということになります。

次のページにはその結果を掲載していますが、私たちが思っていることとズレがあることがわかります。

「自分にはよいところがあると思いますか」と質問されたとき、プラスな回答を選択する子が83％、「先生はあなたのよいところを認めてくれていると思いますか」が90％という

小学校　自分にはよいところがあると思いますか

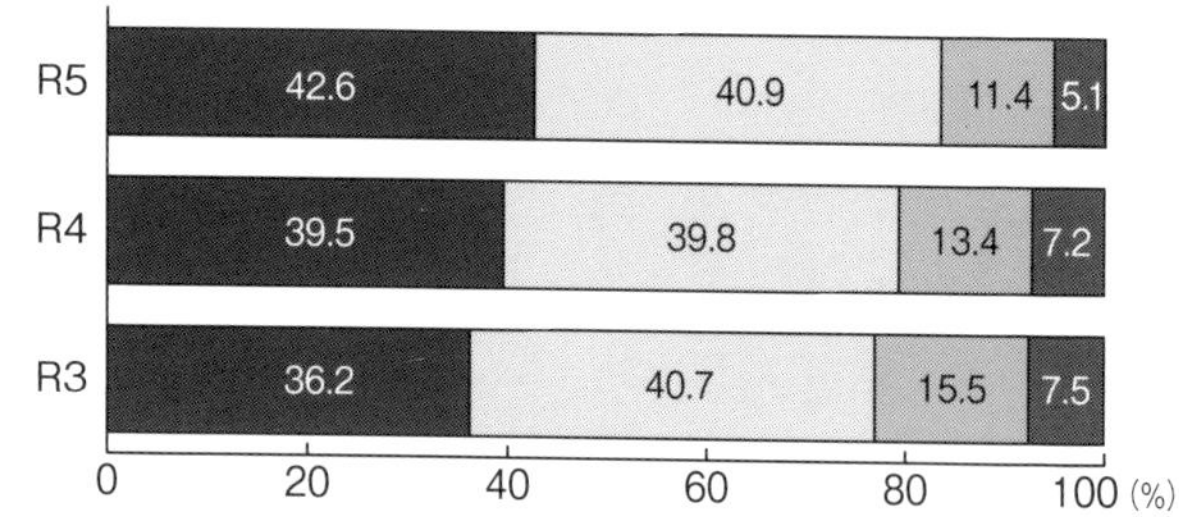

小学校　先生はあなたのよいところを認めてくれていると思いますか

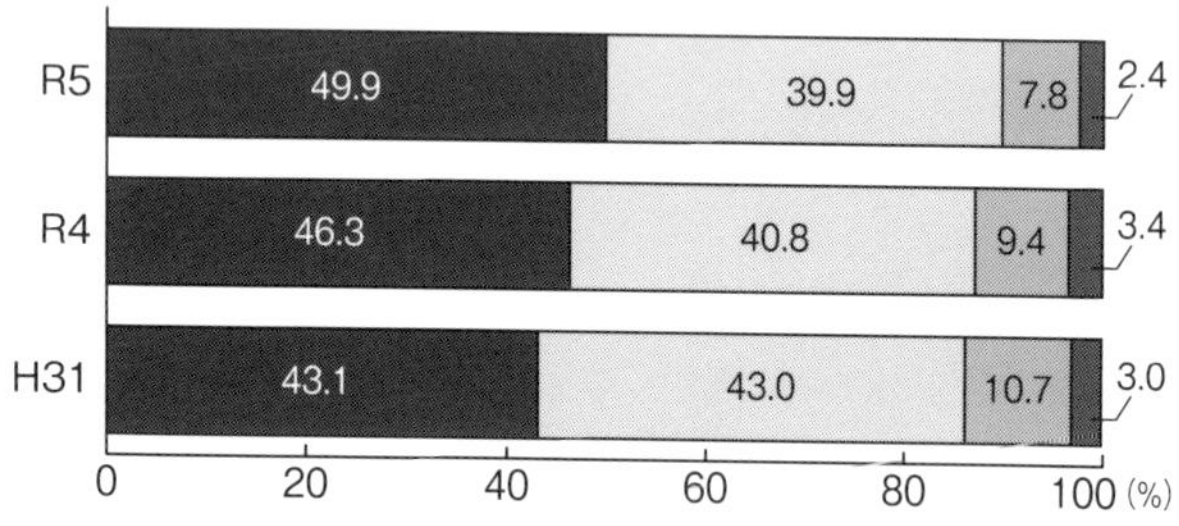

小学校　自分にはよいところがあると思いますかと
先生はあなたのよいところを認めてくれていると思いますかのクロス集計

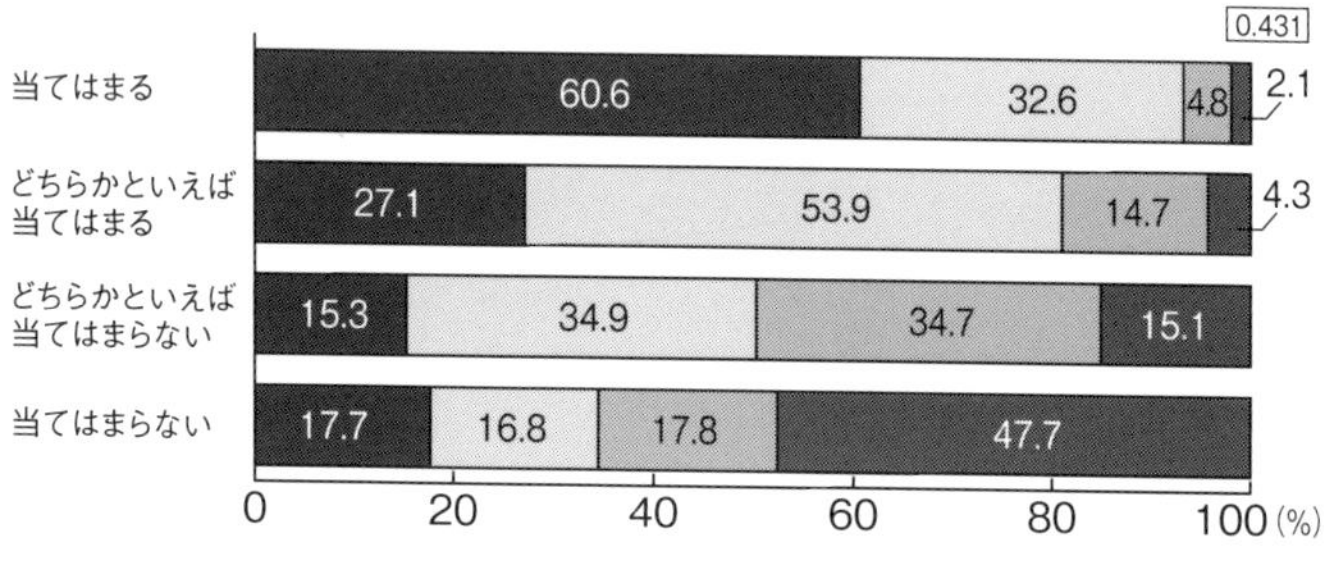

結果が出ています。「先生はあなたのよいところを認めてくれていると思いますか」は私たちの予想とさほどズレはありませんが、「自分にはよいところがありますか」はかなりのズレがある方がいます。

子供たちは自分たちにはよいところがあると思っていても、先生はないと思っている…。認識のズレによって、うまくいかないことが起きてきます。しかし、これらのズレを解消することでこれまでうまくいかなかったこともうまくいくようになる可能性があります。

前ページの図は、「自分にはよいところがありますか」と「先生はあなたのよいところを認めてくれていると思いますか」のクロス集計になります。

ここからみて、わかるのは教室という組織の責任者である先生の影響はあたり前ですが、あるということです。

教室以外の組織の責任者にも、その影響があるのは…。

Ⅳ―8

SNSでグチを言う人はよく聞けよ！

見られていない自分を意識せよ

SNSを見ていると、これ同僚の先生や保護者が見たらどう思うのかなというような投稿があります。表現をした自分はスッキリしているかもしれませんが、それを見た周りの人はどう思うのでしょうか。

だいたい、そういう投稿は匿名です。本当は職場で言いたいけれど言えない。だから、そのストレス発散で、愚痴を書いていることでしょう。

もしかしたら、匿名だからバレないという思いもあるかもしれません。でも、そんなことはお天道様は許してくれません。同僚や身近の先生にバレるかもしれません。バレると思ってしておくということがベストではないでしょうか。

ぼくも20代の頃、東京の研究会終わりの懇親会で同僚の先生や学校内のことで愚痴を言い、話を聞いてもらったものです。私は勤務地は大阪ですので、遠く離れた東京で聞いてもらっていました。

SNSと実際に愚痴を言うことの大きな違いはなんでしょうか。それは、

言葉が残るかどうか
見られているかどうか

といったことだと思います。私が居酒屋で言っていたことは言葉には残りません。そして、居酒屋にいる人たちに見られています。

SNSでの匿名での投稿は言葉が残り、見られていません。

こういった場面は学校内でも見られます。

例えば、電話をしているときには、相手からは自分がどのように電話をしているかは見えません。変顔してようが、冷静に話をしていても気持ちはとても怒っていても相手には見えません。

でも、そういった雰囲気は不思議なもので相手に伝わっているものです。油断してはいけないということです。

そして、そう言った姿であったとき、電話の相手の保護者には見られていないかもしれませんが、同僚はその様子を見ています。そんな様子を見られるとマイナスな印象をもた

れることでしょう。

人から見えないときにその人の本心が出る

のでしょう。でも、それは必ず見られている。それであれば、堂々と本心を出せよと思ってしまいますが、それはなかなか出せないものですよね。

人から見られていないところで準備をするということもあるでしょう。それは誰からも評価されないかもしれません。人に見られないということはそういうこともあります。多くの場合、別に評価してもらいたいとは思っていないでしょう。でも、そういった人に見られない仕事を、他者から評価してもらいたいと思う方もいるでしょう。承認欲求があるのかもしれません。

見えないものを見ようとすると、何かがおかしくなります。子供たちの家での様子は基本的に見えないものです。個人面談などで、家庭での様子を聞くことで少しは見えるようになります。でも、毎日のように見えるようにしたいと思うと…。はい、もういろんなことがおかしくなりますよね。

SNSで愚痴のような内容、同僚の先生や保護者が見たらどう思うのかといった内容を見たときには、こういった投稿をしている先生自身に問題があるのではないかと思うこともあります。

なぜなら、私は東京の居酒屋で愚痴をこぼしていたとき、「**それは向こうの方が正しいよ。樋口さんがおかしい**」と言われたことがあります。自分にはない多様な考え方があるということ、そして自分の考えが正しいと思い込んでいたということにその当時の私は気づいていなかったのです。

私は京都の小学校で勤めている期間がありましたが、ランドセルを使っている子供がほとんどいないのです。「え!?」と思いませんか。ランドセルの代わりに、ランリュックを使っているのです。

基本的には自分の世界が全てなのです。なぜなら自分のテリトリーでしか生きていないからです。そして、そのテリトリーが破られたとき、人はイライラするのです。

相手にイライラするということは、ぼくもあります。

ぼくが過去に一番イライラをしたことは…

運動会のリーダーをしているときでした。毎年秋に行っていた運動会を事情により、春に行うことになっていました。そのため、通常の演目とはまた違った演目を考えないといけませんでした。みんなで協力しあい種目を考え、つくり出したことを覚えています。

運動会も無事に終わり、先生方に運動会の振り返りを配りました。すると、4月に新規採用された先生が表も裏も小さな字でびっしりと反省を書き込んでいたのです。それを見た私は激怒してしまったのです。

どのような内容だったのかは全く覚えていませんが、その先生に話をしにいったことを覚えています。

目にはみえない思いが必要なのです。
人は理屈だけでは動くことができない存在なのです。

もちろん、忖度をしろというわけではありません。別に否定的なことを書いてもいいのです。でも、

目に見えないことは、逆に想像力を発揮するものなのだということを忘れてはいけません。

Ⅳ−9

「大丈夫」と言われていても！

言葉を信じる難しさ

「先生、宿題を家に忘れました」

このように子供が言ってきたとき、いつも提出している子であればそういうこともあるなと思います。そんなときは、「まぁ、どんな人でも忘れることはあるからね」と言います。

でも、いつも宿題を忘れている子が言ったときには、おそらく宿題をしておらず、宿題をしていないという言い訳のために言っている可能性が高いのです。

このように、言われた言葉をそっくりそのまま受け入れるということには一定の怖さがあります。

以前、事前に作成しておいた資料を使う打ち合わせが午後からありました。そのときに、作成者が「家にそのデータが入っているＵＳＢを忘れました」と言われたのです。でも、そのかたは午前中にその資料を大急ぎで作っていたと後日、違う人から聞いたのです。別に正直に作るのを忘れましたと言っていただけたら、よかったのですが。もしかしたら**聞き手側のこちらに正直に言えないような雰囲気を醸し出していた**のかもしれません。まぁ、心当たりはあるのですが…。こちらも反省しないといけませんが、特に歳をとればとるほど？　ミスを認めることが恐いのでしょう。

そういうこともあるのか、私の中に「信頼しても信用するな精神」が宿るようになりました。

この人は絶対大丈夫！とは思わないようにしています。

なぜなら、ミスや失敗はつきものだからです。

そういったことに気づいた段階で修正をお願いすれば良いのです。

そういう思考で居続けるために、

「できました」と言っていても「できていない」
「今やっています」と言っていても「やっていない」
「大丈夫です」と言っていても「大丈夫ではない」

と基本的には思うようにしています。

心の中で、「できましたと言っていてもきっとできていないんだろうな…。でも、この人は必ずすぐにこのあと取りかかってくれるんだろうな」と思ったときには、「本当はできていないんでしょう」みたいなことは言いません。あえて言う必要はないからです。この人はきちんとやってくれるという過去の実績があるからです。

一方で、いつもできていない人には通じない話でもあります。

そして、「大丈夫です」と言うことは、大丈夫ではないという状況が起こっているということです。大丈夫ではないという状況ということは、本当に大変なことになることの前兆になるかもしれません。また言うことによって、相手に迷惑をかけたらどうしようと思っている可能性もあります。

だから、大丈夫と言われようが、

その人のサポートをしたり、その人の様子を観察したりしておく

ということを行っています。そして、自分の基準でやばいと思ったときにはすぐに手助けできるようにしておきます。

大丈夫と言われているのに、何度も聞いたり、サポートしたりすると煙たがられるだけです。ここの塩梅が難しいですが…。

普段「大丈夫です」と言っている人が「大丈夫ではありません」と言うときには、本当に緊急事態ということは忘れてはいけません。

IV-10

自分が思っているよりも……

最後に

私は前の学校を辞めようと決意したとき、いくつかの理由がありました。その中の一つに、他者の悪口を言ってしまう自分に悩んでいました。

ここまで書いているように、

他者の悪口を言うことは相手軸で考えている
他者の悪口を言うだけでその場の現状を変えようとはしていない

といった本書に書いているようなことをできなくなっている自分がいました。まったく自分が楽しくなくなってしまったのです。

そんなことになっていると、体にも不調が出てきました。毎朝、大量の鼻血が出るようになったのです。そんなとき、今の学校から声がかかりました。色々と悩みました。でも、環境を変えることを決断しました。前の学校に骨を埋める覚悟でしたので、自分にとっては大きな決断でした。

人によっては私が職場を変えること、組織を変えることに対して「逃げた」とか「無責任」だとか言っている人がいるという話も聞きました。でも、そんなことは自分の体調を考えたときには、どうでもいい話でした。

環境を変えることに大きな不安がありました。

今自分がいる環境が全てだと思ってしまいがちです。でも、私の場合は環境を変えることで、これまでと同じことができました。むしろ、これまで以上にできるようになったこともあります。

そのために、本書に書いているようなことを自分自身が意識し、取り組んだりしてきました。やはり、学校があって、そこに様々な先生がおり、子供がいる。これはどこの学校でも変わらない本質なことなのだ、と改めて気がついたことです。

そして、最後にこれらの言葉をお届けして、終わりたいと思います。矛盾しているところもあります。でも、その意味が場合によってはわかっていただく時もあるかと思います。

自分が思っているよりも「世界は広い」
自分が思っているよりも「自分が知っていることは小さなこと」
自分が思っているよりも「できないこと、知らないことは多い」
自分が思っているよりも「自分はできること・わかることは多い」
自分が思っているよりも「自分は小さな存在である」
自分が思っているよりも「その悩みは小さなことである」
自分が思っているよりも「その悩みは大きなことである」
自分が思っているよりも「その悩みはなんとかなる」
自分が思っているよりも「やり直しは何度もできる」
自分が思っているよりも「助けてくれる人はいる」
自分が思っているよりも「自分のことを見てくれている」
自分が思っているよりも「自分のことが見られている」
自分が思っているよりも「自分の行動を気にした方が良い」

自分が思っているよりも「自己中心的に動いてしまっている」
自分が思っているよりも「周りがサポートしてくれている」
自分が思っているよりも「自分のことを気にしていない」
自分が思っているよりも「子供たちから感謝をされている」

自分が思っているよりも「保護者から感謝されている」
自分が思っているよりも「この職業は楽しいということである」

【参考・引用文献】

●仲山進也「「組織のネコ」という働き方　「組織のイヌ」に違和感がある人のための、成果を出し続けるヒント」／２０２１／翔泳社
●白井一幸「侍ジャパンヘッドコーチの最強の組織をつくるすごい思考法」２０２３・アチーブメント出版」２０２３／ＰＨＰ研究所
●内田和成「アウトプット思考 1の情報から10の答えを導き出すプロの技術」２０２３／ＰＨＰ研究所
●フレデリック・ラルー「ティール組織ー マネジメントの常識を覆す次世代型組織の出現」／２０１８／英治出版
●松尾睦「職場が生きる人が育つ「経験学習」入門」／２０１１／ダイヤモンド社
●エイミー・C・エドモンドソン「恐れのない組織――「心理的安全性」が学習・イノベーション・成長をもたらす」／２０２１／英治出版
●樋口万太郎「GIGA School時代の学級づくり」／２０２２／東洋館出版社
●樋口万太郎「はじめての3年生担任　4月5月のスタートダッシュ」／２０２３／東洋館出版社
●樋口万太郎「子供がどんどん自立する！ 1年生のクラスのつくりかた」／２０２３／学陽書房

引用サイト
https://www.mext.go.jp/b_menu/shingi/chukyo/chukyo3/052/siryo/__icsFiles/afieldfile/2015/08/17/1359970_02_2.pdf
https://www.gaiax.co.jp/blog/teal-organization-failure/

おわりに

教育界ではときに、様々なワードが出てきます。「自己調整学習」とか「個別最適な学び」・「協働的な学び」といったワードが原稿を書いているときにも頭の中に出てきます。これらのワードは子供たちに対する対応ということです。でも、私は子供に対してだけでなく、大人の私たちにも用いる言葉ではないかと考えています。

本文でも書きましたが、人と人の関係はそんなに単純なことではありません。だからこそ、先生自身が子供以上に自己調整学習とか個別最適な学び・協働的な学び、探究の学びをしていく必要があります。ぼくたちが行っていることは自己調整学習とか個別最適な学び・協働的な学び、探究の学びなのです。

この「おわりに」を書いている今、セミナーで沖縄にいます。終了後の呑み会で、若い男性から「まんちゃん」と声をかけられました。なんとその男性は

私が新卒2年目のとき担任をした子でした。その後、彼のいる居酒屋で呑んだのですが、まさか沖縄で出会うとは…。その時ぼくはずっとパニック状態でした。いくつかの偶然が重なった結果の奇跡と言えます。人と人との関係はときにはこんな奇跡を生むということもあるのです。決して、苦しいことだけではありません。

最後になりましたが、企画をいただいたときからあたたかく見守っていただき、出版に至るまでお力添えいただきました学芸みらい社の樋口雅子氏、阪井一仁氏には大変お世話になりました。この場を借りて心よりお礼申し上げたいと思います。

樋口万太郎

著者紹介

樋口万太郎（ひぐち・まんたろう）

1983年大阪府生まれ。現在、香里ヌヴェール学院小学校に教諭兼研究員として勤務。全国算数授業研究会幹事・学校図書教科書「小学校算数」編集委員。主な著書に『GIGAスクール構想で変える！ 1人1台端末時代の授業づくり』（明治図書・2021年）『学習者端末活用事例付 算数教科書のわかる教え方1・2年』（学芸みらい社・2022年）『タブレット算数授業って面白い！ 子どもと共有するスキル105』（学芸みらい社・2023年）等がある。

イラスト

モリジ

イラストレーター・デザイナー、『授業力＆学級づくり研究会』会員。美術科教員の経験を経て、主に教育関係の書籍の挿絵やグラフィックデザインの制作に勤しむ。イラスト集に『キラキラかわいい！ 365日のイラストカット・テンプレートBOOK小学校』（明治図書・2018年）がある。
Mail：henohenomoriji@gmail.com
X：@henohenomoriji

学校組織の中でトラが吠える最強の生き方改革

学芸みらい社

2023年12月10日　初版発行

著者　樋口万太郎／イラスト・モリジ
発行者　小島直人
発行所　株式会社　学芸みらい社
〒162-0833 東京都新宿区箪笥町31番 箪笥町SKビル3F
電話番号 03-5227-1266
https://www.gakugeimirai.jp/
e-mail：info@gakugeimirai.jp

印刷所・製本所　藤原印刷株式会社
企画　樋口雅子
協力　阪井一仁
校閲・校正　板倉弘幸
装丁・本文組版　児崎雅淑（LiGHTHOUSE）

落丁・乱丁は弊社宛にお送りください。送料弊社負担でお取り替えいたします。

ISBN 978-4-86757-040-1 C3037